コンサル思考術
100の法則

WHAT IS THE THINKING TECHNIQUE OF A CONSULTANT?

ビジネスパーソンにも必要な
コンサルタントの思考と仕事

大嶋祥誉 [監修]
SACHIYO OSHIMA

JN072656

日本能率協会マネジメントセンター

はじめに

── 仕事のスピードと質が高まる
コンサル思考術

　多くのビジネスパーソンは、毎日の仕事において何らかの悩みを抱えているものです。「仕事を効率的に進められない」「自分の企画や提案が相手にうまく伝わらない」など仕事の内容に関するものから、中には「今の仕事は本当に自分がやりたいことなのか」といったキャリアに関する迷いや不安もあるかもしれません。

　それらを解決するためのヒントとしておすすめしたいのが「コンサル思考術」です。実は一流のコンサルタントたちが使っている思考法や仕事術は、コンサルタントだけに求められるものではありません。企業が抱える課題に寄り添い、的確な解決策を導き出すというコンサルタントの毎日の中には、質の高いアウトプットをスピーディーに出し続け、前向きに仕事を進めていくための極意がたくさん詰まっているのです。

　本書では、一流コンサルが大切にしている、高い成果を上げるための仕事の進め方や論理的思考のコツ、キャリアデザインの考え方などについてわかりやすく解説しています。どんな仕事にも活用できるベーシックな技術ですので、一度身につければ、一生にわたってご活用いただけるはずです。

　第1章では、日々高い成果を上げ続けるために必要な思考や習慣について解説しています。スケジューリングやコミュニケー

ション術、さらには仕事道具の選び方などあらゆるところに秘められた仕事のコツを探っていきましょう。

第2章では、ロジカルシンキングを使って自分の考えを相手にわかりやすく伝えるための思考法をご紹介します。ロジカルシンキングという言葉には、理屈っぽく堅苦しいイメージがつきまといますが、実際はそうではありません。素敵な思いつきやひらめきを形にするために行う、非常にクリエイティブなプロセスなのです。「アイデアはたくさんあるのになかなか実現できない」という人から「そもそもアイデアが浮かばない」という人まで、自分の考えを誰かに伝える機会を持つすべてのビジネスパーソンのお役に立てるはずです。

第3章のテーマは「問題解決」です。ビジネスの現場にはたくさんの問題が転がっていますが、その中から適切な問題を選んで拾い上げる作業は意外にもコツが要ります。解決すればたちまち仕事がうまく進むようになる「真の問題」の探し方から、その解決方法までを身につけていきましょう。

ビジネスには欠かせない「マーケティング」についても、第4章で扱っています。自社を含めた市場全体を客観視しながら、企画から販売、そしてその先のアクションまで、効果的な戦略を立てていくためのヒントになるはずです。

第5章では、会議やプレゼンの際に心得ておきたいポイントをお伝えします。チームで高い成果を上げるための会議のつくり方や取り組み方、伝えたいことをしっかりと伝えるためのプレゼンの極意をぜひ参考にしてください。

第6章では、働き方やキャリアデザインをコンサル思考で捉えます。一流コンサルが常に前向きに仕事と向き合い、やりたいこ

とに向かって高いモチベーションを維持し続けられるのはなぜなのでしょうか？　その秘訣を学びながら、変化の激しい時代を生き抜く「自分らしい」働き方やキャリアデザインについて考えてみましょう。

　スピードだけを追い求めてしまうとアウトプットの質は落ち、質だけを徹底的に追い求めるとスピードが落ち、仕事はうまく回らなくなってしまいます。ぜひコンサル思考術を身につけ、スピーディーでなおかつ質の高いアウトプットを目指しましょう。
　本書によって、皆様の仕事が、そして人生がより輝かしいものになることを願っています。

大嶋祥誉

コンサル思考術100の法則／目次

はじめに ……………………………………………………………………………… 3

第1章　一流コンサルが大切にする「仕事の基本」

001	労働時間の長さより生み出す価値の大きさにこだわる	12
002	忙しいときこそ1つの仕事に集中する	14
003	「緊急度」と「重要度」で仕事の優先順位をつける	16
004	仕事を「ルーティン」と「クリエイティブ」に分ける	18
005	作業時間は「これぐらいでできそう」の2倍で見積もる	20
006	場面に応じて「対面」「電話」「メール」を使い分ける	22
007	早い段階で失敗を経験しておく	24
008	現場での情報収集を大切にする	26
009	掛け算の発想で新しいアイデアを生み出す	28
010	「共通点」を見つけて相手とうまく打ち解ける	30
011	道具をシンプル化してクリアな思考を保つ	32
012	一流のコンサルは忙しくても机がきれい	34
013	心と体を整えるために十分な休息をとる	36
014	一段高い「鳥の目」で物事を見る	38
015	「過去の分析」よりも「未来の仮説」に時間を使う	40
016	対話型AIを思考の壁打ちに活用する	42
017	仕事に取りかかる前にゴールを明確にイメージする	44
018	「ガントチャート」を使って進捗状況を見える化する	46

第1章　チェックポイント
コンサル式「仕事の基本」 …………………………………………………………… 48

第2章 魅力的なアイデアを
ロジカルシンキングで磨き上げる

019 自分の考えを明快に伝えるための「ロジカルシンキング」 …… 50
020 ロジカルなだけでは人の心は動かない …… 52
021 無意識にハマる「思考のクセ」が誰にも存在する …… 54
022 「シックスハット法」で思考のクセを打ち破る …… 56
023 一歩踏み込んで考えるとクリティカルな思考ができる …… 58
024 クリティカルな思考は日常生活の中でも鍛えられる …… 60
025 「ロジカルに伝える」ために押さえたい3つのポイント …… 62
026 「ピラミッドストラクチャー」でメッセージに説得力をつける …… 64
027 ピラミッドストラクチャーは4つのステップで組み立てる …… 66
028 3ステップで結論を導き出す「演繹法」 …… 68
029 「前提ルール」を変えるとまったく新しい結論が出てくる …… 70
030 類似する要素を見つけて仮説を導き出す「帰納法」 …… 72
031 迷いや不安が生じたらロジカルシンキングが役立つ …… 74
第2章 チェックポイント
ロジカルシンキングとは何か？ …… 76

第3章 問題解決のための思考とフレームワーク

032 目の前の事象だけでなく「問題の本質」を突きつめる …… 78
033 アインシュタインも大切にしていた「問い」の重要性 …… 80
034 問題解決は「ゼロ発想」からスタートする …… 82
035 「空・雨・傘」の流れで解決策を考える …… 84
036 解決策を導き出すには信頼できる情報が必要 …… 86
037 「3人へのヒアリング」で質の高い情報が手に入る …… 88

038 成果を上げる人ほど顕在化していない問題に挑む ···················· 90

039 相関関係があっても因果関係があるとは限らない ···················· 92

040 「だから何?」×「それはなぜ?」で解決策を探る ·················· 94

041 「なぜ」を5回繰り返すと真の問題が見えてくる ···················· 96

042 大きな問題を細かい要因に分解する「ロジックツリー」 ··········· 98

043 ロジックツリーで掘り下げると問題の全体像が見える ··········· 100

044 「漏れ」や「ダブリ」があるとロジックツリーの精度が下がる ··· 102

045 「当たり前」を疑うことで優れた解決策が生まれる ··············· 104

046 視座の高さを変えながら複数の問いを立ててみる ··············· 106

047 優れた問いは1行に収まるほど簡潔なもの ························· 108

048 未来へ向かうポジティブな問いを立てる ························· 110

第**3**章 チェックポイント
問題解決の進め方 ··· 112

第**4**章 **コンサルの現場で使われるマーケティング戦略**

049 自社を取り巻く環境を俯瞰する「3C分析」 ························· 114

050 3C分析で市場や競合の変化をキャッチする ······················ 116

051 自社のプラス面とマイナス面をあぶり出す「SWOT分析」 ········· 118

052 自社の置かれた環境を4つの視点で捉える「PEST分析」 ········· 120

053 外部にある5つの脅威を探る「5Force分析」 ····················· 122

054 マーケティングの4P　その①Product（製品） ················· 124

055 マーケティングの4P　その②Price（価格） ···················· 126

056 マーケティングの4P　その③Place（流通） ···················· 128

057 マーケティングの4P　その④Promotion（販促） ··············· 130

058 「ポジショニングマップ」であらゆるものを2軸で整理する ······· 132

059 「伸ばすべき」「切るべき」製品も2軸で分析できる ··············· 134

060	製品のライフサイクルは4つのステージに分けられる	136
061	積み重ねた経験を次の仮説に活かす「経験学習モデル」	138
062	経験学習モデルに「PDCAサイクル」を組み込む	140

第4章 チェックポイント
成果が出るマーケティング戦略 ……………………………………………… 142

第5章 **マッキンゼーで学んだ！
ワンランク上の会議・プレゼン術**

063	会議は目的に合わせて4種類に分ける	144
064	最強のチームは「使命感」を共有している	146
065	会議の目的とゴールを参加者に事前に共有する	148
066	冒頭5分の「雑談タイム」が会議の質を高める	150
067	「意見」と「事実」をしっかり聞き分ける	152
068	重苦しい会議を動かす「問い」	154
069	愛ある問いが会議の空気を一変させる	156
070	自分の意見や主張は質問に混ぜ込む	158
071	主語を「私」ではなく「私たち」に変える	160
072	「キャラ化質問」で相手の本音を引き出す	162
073	実のある議論をするために会議の時間は30分に	164
074	「PREP法」を使って端的にものを伝える	166
075	最後の5分間を使って会議を振り返る	168
076	ブレインストーミングは1人でもできる	170
077	大量の「企画書インプット」で資料作成の極意を学ぶ	172
078	企画書には「懸念点」もしっかり盛り込む	174
079	プレゼン資料の基本は「1スライド、1メッセージ」	176
080	魔法の数字「3」を使いこなす	178
081	こだわるべきは「スライドのデザイン」より「ストーリー」	180

082 よいプレゼンは受け手とのキャッチボールでつくる 182

083 優れたプレゼンターはギャップを演出する 184

084 適度な「間」や声のトーンでプレゼンに緩急をつける 186

第**5**章 チェックポイント
会議・プレゼンの極意 188

第**6**章 **働き方とキャリアデザインに コンサル思考を取り入れる**

085 大きな目標を見据えて年単位の計画を立てる 190

086 自分の感情を大切にすればエネルギッシュに働ける 192

087 自分を導いてくれる「メンター」を見つける 194

088 優れたメンターを見つける3つのチェックポイント 196

089 1カ月おきに自分の歩みを振り返る 198

090 異業種での常識を取り入れて変革を起こす 200

091 相手への「愛」で仕事を進める 202

092 筋トレやランニングで心身ともにブレない軸をつくる 204

093 苦手な人とは「共感」を見つけて仕事を進める 206

094 「4つの問い」を使って自分の働き方を定める 208

095 キャリアは3つのステップで進んでいく 210

096 「複業」で自分の中に複数のキャラを持つ 212

097 「やりたくないこと」をリスト化し自分軸をつくる 214

098 正解のない時代を生き抜くカギは「自己肯定力」 216

099 これからの時代は「主役」も「脇役」もない 218

100 収入の10%を未来の自分へ投資する 220

第**6**章 チェックポイント
働き方とキャリアデザイン 222

第 1 章

一流コンサルが
大切にする
「仕事の基本」

日々の仕事の中には、より高い成果を出すための工夫の余地が
たくさんあります。常に膨大なタスクを抱えながらも、高いパ
フォーマンスを上げ続ける一流コンサルの仕事術をチェックし
ていきましょう。

仕事の目的

労働時間の長さより生み出す価値の大きさにこだわる

　ビジネスパーソンにはさまざまなタイプがいますが、中には「今月は毎日残業で大変だった」とか「昨日はまた勤務時間を大幅にオーバーしてしまったよ」と愚痴をこぼす人たちがいます。

　そのような愚痴に対して、周りの人たちが「忙しそうですね」などと労いの言葉をかける場面もよく目にすることでしょう。

　しかし一流コンサルは、自分が長い時間働いていることをアピールするような発言はせず、そのようなビジネスパーソンに対して労いの言葉をかけることもありません。優秀なビジネスパーソンは、労働時間の長さで仕事の価値を判断することはないからです。

　考えてみれば、当然のことだといえるかもしれません。長い時間をかけて働いても価値を生み出せない人もいれば、短い時間で成果を上げ、毎日定時に退社する人もいます。仕事をしている時間が長ければ長いほど、多くの価値を生み出しているとは限らないのです。

　では、どんな部分を見て「価値を生み出している」と判断するのがよいのでしょうか？　その仕事の目的、つまりゴールの達成のためにどんな行動をとり、どれだけの成果を出せているかによって判断できるものです。

　たとえば、クライアントに的確な問題解決策を提示し、それによって彼らは満足する結果を得られたのか。チームの一員として働く中で、チーム全体にとって意味のある動きができたか、などが仕事での価値であり、労働時間の長さよりも、これらを最大化できるように努めるべきなのです。

　どのように時間を使えば最大限の価値を生み出せるのか、自分のタイプを知っておくことも必要でしょう。仕事がはかどる朝の時間を大切にするために、朝8時に出勤して活動をはじめ、定時になったらさっと帰る人がいます。あるいは、午後のほうが集中できるという人もいるでしょう。自分自身の時間の使い方を知ると、仕事の質に加えてスピードアップも図れるのです。

　自分の生み出す価値をコントロールできるのは、自分自身です。そう考えると、同じ時間でも向き合い方が変わることでしょう。大事なことは、労働時間の長さではなく、そこで生み出す価値の大きさにこだわることなのです。

ポイント

- 働く時間の長さで仕事の成果を測らない。
- ゴールに対して、どれだけの成果を出せたかが仕事の価値。
- 自分が生み出す価値を最大化することにこだわる。
- 価値を最大化するための時間の使い方を身につける。

忙しいときこそ 1つの仕事に集中する

　仕事が立て込んできたとき、複数のタスクを同時に進めようとする人は多いでしょう。あれもこれもと考えをめぐらせながら仕事に取り組んでいると、「私はたくさん仕事をしている」「要領よく仕事をこなせている」と感じることも多いはずです。

　しかし、複数のタスクを同時に進行するよりも、実は1つの仕事に集中して取り組むほうが、早く仕事が片づくということはあまり知られていません。

　仕事中の脳は活発に動いています。しかし、人間の脳はもともと、物事を同時進行で処理できるつくりにはなっていません。会議の資料を作成しながらメールをチェックし、それを完了しないまま途中で違う仕事に取り組みはじめる……。このように、あちらこちらの作業に目移りしていると、生産性はどんどん低下し仕事の質も落ちていきます。それよりも1つのタスクに集中し、それを完了させてから次に取り組むほうが効率的なのです。

　タスクが複数ある場合は、それぞれのタスクを視覚化するとより生産性が高まるでしょう。付箋にタスクを1つずつ書き出し、「重要で緊急性の高いタスク」「重要ではないが緊急性の高いタス

ク」「緊急性は低いが重要なタスク」「重要でも緊急でもないタスク」の順に並べ、順番に処理していきます。タスクを1つ処理するごとに付箋をはがして捨てたり、線を引いて消したりして「完了」したことが見えるようにしましょう。やるべきことがどんどん片づいていくのが目で確認できると、モチベーションアップも図ることができておすすめです。

　中には、音楽を聴きながら作業をする人もいるのではないでしょうか。近年はテレワークが普及し、自宅やカフェの席に座って仕事中でもラジオや音楽を聴くことができるようになりました。ただし、音楽を聴きながら仕事をする場合は、仕事の内容を選ぶべきです。
　データ入力や書類の整理などといった単調な作業であれば、アップテンポの音楽をかけることでより効率的に進めることができるでしょう。しかし、思考を伴う複雑な作業に音楽は向きません。仕事中にメールの着信音が鳴ったり、アプリの通知が表示されたりすることも集中力を欠く要因になりますので、深い思考を伴う作業のときには着信音や通知をオフにするなどの工夫が必要です。
　やるべきことが多いときこそ、目の前のタスクだけが視界に入るようにする。これが生産性を高める1つのポイントなのです。

ポイント

- 忙しいときにはかえって、マルチタスクよりシングルタスクのほうが仕事は早く進む。
- タスクを視覚化して、順番に処理することで効率化を図る。
- 集中したいときは音楽やメールの着信音などはオフにする。

「緊急度」と「重要度」で
仕事の優先順位をつける

　多くのビジネスパーソンは、常に複数の仕事を抱えているものですが、手際よく次々に仕事をこなしていける人とそうでない人がいます。そこには、どんな違いがあるのでしょうか。

　手際よく仕事を回せる人は、仕事の優先順位をつけるのが上手なのです。「今やるべきこと」をしっかりと自分の中で整理し、次々に片づけていきます。逆に、仕事に時間がかかる人は優先順位を決めきれずあれもこれもと手を出してしまい、結果的に何も完了しないことが多い傾向があります。

　優先順位のつけ方にはコツがあります。ここで解説するのは「緊急度と重要度のマトリックス」です。

　縦軸で「重要度」の高低、横軸で「緊急度」の高低を示すマトリックスをつくります。そこに、自分の抱えている仕事を当てはめていきましょう。

　今抱えている仕事をマトリックスで振り分けたら、「緊急度と重要度がともに高い」右上の枠に入ったタスクから最初に処理していきます。

　忙しいとつい、緊急度の高い仕事ばかりを優先してひたすら目の前のタスクに飛びついてしまいがちです。しかし長期的に見て

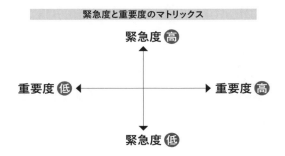

緊急度と重要度のマトリックス

みると、「緊急ではないが重要な仕事」は自身のスキルアップに
つながる大切な取り組みです。緊急度ばかりにとらわれることな
く、緊急ではないが重要な仕事にも目を向ける必要があるのです。
　それでも、緊急度の高いタスクばかりがどうしても気になって
しまう方もいるでしょう。そんな方は、ぜひ次のように自分に質
問してみてください。
　「今日が終わるまでに何が完了していれば、充実した1日を過ご
したといえるか」
　「あと一年しか生きられないとしたら、絶対にやっておきたい
ことは何か」
　これを自分に問いかけることで、自分自身の人生により深く向
き合うことができます。仕事と人生は密接につながっていますか
ら、人生の充実のためにもこのマトリックスを活用しましょう。

ポイント

• 優先順位を決めることで、手際よく仕事を進められる。
• 優先順位は「緊急度と重要度のマトリックス」で決める。
• 「緊急ではないが重要な仕事」は忙しいとつい後回しにしてしまう
　が、スキルアップにつながる重要なタスク。

仕事の特性を見極める

仕事を「ルーティン」と「クリエイティブ」に分ける

　日々の仕事にはたくさんの種類があるように感じますが、大きく2種類に分けることができます。1つは決まった作業を繰り返す定量的な仕事、もう1つは深い思考を伴う定性的な仕事です。それぞれ「ルーティン」の仕事、「クリエイティブ」な仕事と言い換えることができるでしょう。

　仕事を効率よく進めていくためには、この2つに対しての取り組み方を変える必要があります。

　たとえばルーティンに振り分けられる仕事には、資料をコピーしたり数値の入力作業や事務作業をしたりと単調なものばかりでしょう。繰り返し行うことも多く、作業のゴールも質も一定であることがほとんど。こうした仕事は、取り組む人自身の裁量の余地があまりありません。ですから、「スピードを上げる」ための工夫に集中するのがポイントです。

　反対にクリエイティブな仕事では、限られた時間の中で最高のアウトプットを出すための工夫が必要です。つまり、ただ単にスピードを追求するだけではなく、質の高い成果物をどれだけ最小

限のエネルギーで生み出せるかが重要なのです。

　仕事に取りかかる際は、自分の仕事をこれら2つの種類に分けた上で、かかる時間を見積もり、時間配分を決めましょう。

　時間配分を決めるときには、集中力が一番高まる時間帯にクリエイティブな仕事を、そうでないときにルーティンの仕事を入れると、効率よく進めることができるでしょう。

　クリエイティブな仕事であっても、工夫をすれば質の向上とスピードアップを同時に達成することができます。

　クリエイティブな仕事の中でも時間がかかるのが書類作成でしょう。提案書や企画書など、さまざまな種類がありますが、どれもゼロから作成するには骨が折れます。

　こうした書類は「型」をつくっておくことでスピードアップできます。提案書であれば、クライアントは複数だったとしても、提案の流れは大体決まっているのではないでしょうか。企画書であれば、毎回企画の内容は違っても、記載するべき基本情報は共通していることが多いかもしれません。

　クリエイティブな仕事は、このようにして質の低下につながらない部分のスピードアップ、つまり無駄を削減しながら、限られた時間の中で最高のアウトプットを出すための工夫を重ねていきましょう。

ポイント

- 仕事は「ルーティン」と「クリエイティブ」に分ける。
- ルーティンの仕事はスピードアップを追求する。
- クリエイティブな仕事は、最小限のエネルギーで質の高いアウトプットを追求する。

作業時間は「これぐらいでできそう」の2倍で見積もる

　段取りを立てた後、仕事に取り組むときになって「思ったよりも時間がかかっている」なんてことはありませんか。段取りを立てたのにうまくいかないことが多いなら、それは作業時間の見積もりが甘いのかもしれません。

　たとえば、その日にやるべきタスクを書き出してみましょう。このときに、「できる仕事」ではなく「やりたい仕事」を書き出してしまう人が多いのです。「今日中にこれだけ終わらせておきたい」という考えで、可能な範囲より多くのタスクを書き出してしまい、その結果、それらのタスクがその日のうちに終わらなくなるということです。

　また、「時間の体感」が正確でないということも、見積もりを誤る要因になります。たとえば、実際には1時間かかる作業を「30分もあれば終わるだろう」と見積もってしまうというように、時間を短く感じることによって、実際にはそれ以上の時間がかかってしまうのです。

　時間の見積もりが甘いと、仕事が予定通りに終わらずにやり残

すことになります。これが重なっていくと、最初に立てた予定よりもどんどん遅れていってしまいます。仕事が終わらないストレスに焦りが募り、その心理状態がますます仕事の効率を下げるという悪循環にもつながるかもしれません。

　時間を正しく見積もるには、どうしたらよいのでしょうか。大事なのは「自分の体感よりも少し余裕を持たせた段取りを組む」ことです。

　具体的には、時間の見積もりが甘いと感じる人は「できそうだと思った時間の2倍」で見積もるようにしましょう。

　いざ仕事をはじめてみると、必要な資料が揃っていなかったり、システムのトラブルが起こったりなどと、思わぬタイムロスが発生することはよくあります。想定の2倍の時間をみておくことで、想定外の事態にも焦ることなく進めることができるのです。

　また、実際に仕事を進める際に時間を記録しておくと、次の機会にそのデータを活用することができます。どんな作業にどれだけの時間がかかるのかを正確に把握しておくことで、日に日に段取り力を高めていくことができるのです。

ポイント

- タスク管理は「その日にやりたい仕事」ではなく「その日にできる仕事」を書き出す。
- タスクにかかる時間の見積もりは2倍を想定する。
- タスクごとにかかった時間を記録し次回の段取りに役立てる。

コミュニケーション手段の選び方

場面に応じて「対面」「電話」「メール」を使い分ける

　仕事の相手に連絡を取ろうと思ったとき、どのような手段を選ぶことが多いですか。対面（リアルまたはオンライン）、電話、メールなどさまざまな方法が考えられますが、どのような基準で使い分けたらよいのでしょうか。

　ここで大事なのは「相手の立場に立って考える」ことです。自分がもし連絡を受ける側だとしたら、どういった基準で連絡手段を分けてほしいかを考えてみましょう。

　たとえば、対面の場合。お互いの表情や言葉のニュアンスから伝えられることはたくさんありますので、大事なことほど顔を見て話すことが大切です。特にネガティブなことや緊急の案件の場合は、対面（あるいは電話）がいいでしょう。表情や音声は、ときに言葉以上に状況を物語ってくれるものです。

　電話では顔が見えない分、声に頼ることになりますが、電話も感情を共有しやすいコミュニケーション手段です。大事な話をするときほどゆっくりと、相手の反応を感じ取りながら話すようにしましょう。1つひとつ丁寧に確かめながら会話を交わすことで、

お互いの真意を丁寧に伝え合うことができます。

　ただし「急ぎの要件だから」「感情を伝えたいから」と、なんでも電話で済ませていいわけではありません。相手が会議中であったり、集中して仕事を進めている時間であったりする場合、いきなり電話をかけてしまうとその流れをストップさせてしまうのです。相手の状況が見えないからこそ、まずは「本当に電話をかける必要があるか」と、ワンクッション置いてみるのが現代のビジネスマナーといえるでしょう。

　その点、メールは相手とリアルタイムにつながるものではないため、便利なコミュニケーション手段といえるでしょう。近年は、「スラック」や「ラインワークス」などといったビジネスチャットでのやり取りも主流になってきています。

　しかし、テキストのみでのコミュニケーションにもデメリットはあります。対面や電話と比べて、お互いの真意を共有しにくいことや、いつ確認してもらえるかがわからないメールでは、1分1秒を争う緊急の連絡には向かない場合があるのです。

　ビジネスシーンでは、若い人ほどメールに、ベテランほど電話にこだわりすぎる傾向があります。伝えたい内容や相手、時間などさまざまな要素を見極めながら使い分けていきましょう。

ポイント

- 若い人ほどメールに、ベテランほど電話にこだわる傾向がある。
- 連絡手段は、相手の立場に立って選択する。
- ネガティブなことや緊急の案件は対面で話をする。
- 電話とメールの長短を理解し、使い分ける。

トライエンドエラーが成功を引き寄せる

早い段階で
失敗を経験しておく

　一流のビジネスパーソンは、次々に成功をおさめ順風満帆なキャリアを歩んでいるようなイメージを持たれがちですが、その裏にはたくさんの失敗があります。

　新しいことに挑戦するとき、ほとんどの人が不安に駆られます。「うまくいかなかったらどうしよう」と、先の読めない展開に二の足を踏むことも多いでしょう。しかし、安全な道を進むばかりでは、スキルアップを望むことは難しいもの。新しい道に踏み出さなければ、新しいスキルを身につけることはできません。

　では、どうしたらこの不安を払拭できるのでしょうか。新しい挑戦への不安を解決する方法は、実はいたってシンプル。「早く取りかかって早く失敗しておく」ことです。

　現代は変化のスピードがとても速く、成功が約束された王道のルートなどありません。誰しもが、試行錯誤をしながら正解を模索していく世の中なので、早くから失敗を経験しはじめることが重要だといえるのです。

　たとえ失敗したとしても、挽回するチャンスは何度でもめぐっ

てきます。挽回のチャンスがなくなる瞬間というのは、自分自身があきらめてしまった瞬間だといえるでしょう。

　「早い段階で失敗しておくこと」の合理性は、科学的にも実証されています。2016年と2018年に、脳科学者の池谷裕二教授がマウスを使った実験を行いました。ゴールにエサを置いた迷路を、複数のマウスに進めさせると、初期の段階で何度も行き止まりに入ったり、同じ道をぐるぐると回ったりしてたくさん失敗をしたマウスのほうが、学習スピードが速く、結果的に早くゴールにたどり着いたのです。

　失敗はいけないことではなく、自分自身の力をアップさせるために必要な機会です。また、その機会は自分自身の手によってつくっていくものです。

　もしかすると、新しい挑戦に怯んでいる間に他の人がそのチャンスをつかむかもしれません。挑戦に怯えて躊躇している時間からは、何も生まれないでしょう。
　大事なことは、いつでも順調に物事を進めることではありません。失敗を経験に変えて何度も挑戦することこそが、成功への近道なのです。

ポイント

- 挑戦への不安は「早く取りかかる」ことで解決できる。
- 失敗はレベルアップのために必要な機会。
- 早い段階での失敗の効能は、マウスを使った実験によって、科学的にも実証されている。

現場での情報収集を
大切にする

　新しい仕事に取りかかる際には、事前の入念な情報収集が欠かせないでしょう。コンサルタントであれば、クライアントが抱えている課題を解決するためにたくさんの情報を収集し、その結果がアウトプットの精度に大きく関わってきます。

　よりよいアウトプットにつなげるための情報を集めるには、どんな方法がよいのでしょうか。まずは、「情報収集における3つのステップ」について知っておきましょう。

①情報を集める目的は何か

　まずは情報を集める目的をはっきりさせましょう。ここが明確でないと、何を調べてよいかわからなくなりますし、その先に進む道も見えてきません。目的をはっきりさせることができると、ようやく情報を集める手段も定まってきます。

②情報を網羅的に調べる

　情報を集める目的が決まったら、そこにいたるまでのあらゆる情報をどんどん集めていきます。

　書籍であれば、関連がありそうなものを客観的に選び、どんどん読みましょう。全部に目を通していると時間のロスにつながる

ので、目次の部分と最初の20ページほどを読んで判断します。公的機関などから出された資料に関しても同様です。

　インターネットで検索する場合は、上位に表示されるものだけを参考にするのはやめましょう。また、ネットに載っている情報の多くは「二次情報」といい、誰かの私見を通したものであることがほとんどです。その情報の中に、発信者の主観が含まれていないかどうかをしっかりと見極めましょう。キーワードの選び方も重要です。検索ワードが「調べる目的」にふさわしいものであるかを考えながら言葉を選びます。複数のキーワードを効果的に組み合わせることで、調べたい内容に近づいていくでしょう。

③現場に足を運ぶ

　優秀なビジネスパーソンが最も重視しているのが、現場からの情報収集です。①や②の段階で集めた情報をベースに、現場にある生の情報をキャッチしに行くのです。たとえば市場調査においても、現場に出向けばデータには表れないリアルな顧客の熱量や特性を把握することができるでしょう。現場で見聞きした情報には、生きたヒントがたくさん存在するのです。

　よりよいアウトプットを生み出すために、3つのステップを通して質の高い情報をつかみましょう。

<hr>

ポイント

- 情報収集では「3つのステップ」を意識する。
- 最初のステップでは、関わりのありそうな情報を客観的に選び、ざっと目を通す。
- 現場は情報の宝庫。時間をかける価値がある。

掛け算の発想で
新しいアイデアを生み出す

　新しいアイデアを考えるとき、「ゼロ」から考えようとする人が多いのではないでしょうか。しかし、世の中にはもうすでに多くのアイデアが出回っていて、新しいものをまったくのゼロから生み出すということは難しいでしょう。

　実は、世の中を驚かせてきた多くの革新的なアイデアは、すでにあるものをかけ合わせてつくられているものがほとんどなのです。世界中の人々の日常をがらりと変えたiPhoneも、電話と音楽プレイヤーとインターネット通信端末のかけ合わせによって生まれたものです。

　アイデアをかけ合わせて新しいものをつくるには、アイデアの元となる情報が必要です。アイデアを生み出すために意識してかき集めた情報だけではなく、自分が人生において経験してきたことや知識、勘などあらゆるものが、新しいアイデアを生み出すもとになるのです。

　頭の中の点と点が線になり、かけ合わさったアイデアとして降りてくることを「非線形思考」といいます。

　非線形思考には、「仕事」や「プライベート」などの線引きがありません。シャッフルした情報の中から、ある日突然つながりを持ってアイデアとして出てくるのです。そのコツは、日頃からさまざまな情報にアンテナを張りめぐらせ、経験を重ね、ストックしておくこと。特に、自分の仕事とは直接関係なさそうな小説を読んだり、美術館に行ってみたりなど、自分の世界から遠いものでも関係なく取りに行くと、この思考につながりやすいでしょう。一見遠回りに見えるようなこれらの行為ですが、それらがかけ合わさった瞬間にとても質の高いアウトプットにつながるため、むしろ最短ルートだといっても過言ではありません。

　それでもアイデアに行き詰まったら、自分が生み出そうとしているアイデアに近い分野の専門家に話を聞いてみましょう。専門家は、一般に出回っている情報以上に深い情報や、予想もつかない視点を持っていることが多いです。自分の持っていない立ち位置から物事を見るきっかけは、新しいアイデアのトリガーになることでしょう。

　日ごろからたくさんのものに触れてストックしておき、それらが結びつく瞬間を楽しむように、アイデアをつくりましょう。

> **ポイント**
- 多くのアイデアはかけ合わせから生まれている。
- 点と点が線になりアイデアになることを「非線形思考」という。
- かけ合わせによってアイデアを生み出すには、日ごろからあらゆる種類の情報に触れ、ストックしておく。

「共通点」を見つけて
相手とうまく打ち解ける

　初対面の相手と仕事をする際に重要なのは、いかに相手の要望をくみとりスムーズな意思疎通が図れるかです。コミュニケーションがスムーズに取れるかどうかで、仕事の成否のほとんどが決まるといえるでしょう。

　はじめての仕事相手と円滑な人間関係をつくるために大切なのは、出会って最初にする「自己紹介」です。
　自己紹介は、自分を知ってもらうことだけが目的ではありません。相手のことを知り、自分との距離を縮める大きなチャンスでもあるのです。
　優秀なビジネスパーソンの多くは、この自己紹介のときから大事な仕事をスタートさせています。その仕事というのは、円滑な人間関係を築くための「共通点探し」です。

　はじめて会う相手というのは、お互いのことをまだ知らず、会話の選び方にも苦労します。共通点を探し出すことは、会話の糸口を見つけるのにちょうどよい作業なのです。
　共通点を探すには、2つのポイントがあります。1つは「相手

の話を聞く姿勢をつくること」、もう1つは「共通点が見つかりそうな情報を提供すること」です。

「相手の話を聞く姿勢をつくる」のは、関係を築く上で大切です。誰しも、自分の話を聞いてくれる人には耳を傾けたいと思うものです。逆に、自分の話ばかりする人とは関わりを持ちたくないと思ってしまうでしょう。自己紹介といっても自分のことを伝えるのに夢中になり、相手の時間を奪い過ぎてしまうことのないように注意が必要です。

もう1つの「共通点になりそうな情報を提供する」ことは、自分の出身地や座右の銘、趣味や職務経歴など、会話の糸口になりそうな情報を相手に見えるようにします。たとえば、名刺の裏にプロフィールを記載しておくのもいいでしょう。それらの情報のどこかに共通点があれば、会話は一気に広がっていくはずです。

共通点が見つかると、次に会うときの会話のネタを準備することもできます。共通の話題で盛り上がることによって、より一層相手との距離を縮めることができるでしょう。円滑な人間関係を築くことで、お互いに気持ちよく過ごすことができ、それが質の高い仕事につながっていくのです。

ポイント

- 円滑な人間関係を築くために「共通点」を見つける。
- 相手の話を聞く姿勢をつくり、自分にも耳を傾けてもらう。
- 名刺の裏にプロフィールを載せるなど、共通点になりそうな情報を自分から提供し、会話の糸口を探る。

道具をシンプル化して
クリアな思考を保つ

　あれもこれも荷物が多くなると、動きがどんどん鈍くなるというのは頭の中も同じです。持ち物や普段使っている道具によって、人の思考や行動も大きく変わってくるのです。

　優秀なビジネスパーソンほど、持っているものはシンプルです。そこには、仕事の効率につながる明確な理由があるのです。

　持ち物をシンプルにすると、行動がシンプルになって無駄がなくなります。たとえば、仕事の予定をたった1冊の手帳にまとめておくことで、ダブルブッキングのようなスケジュール管理のミスを防ぐことができるでしょう。Googleカレンダーに記録したり手帳に書いたり、あちらこちらに情報を置いてきてしまうと管理に大きな手間がかかります。自分でも何をどこに書いたのかがわからなくなってしまい、探すのに時間がかかるなど、無駄な時間が生まれてしまうことでしょう。ものを減らし、シンプルにまとめておけば、仕事の能率が向上するのです。

　スケジュール帳だけではありません。思考を深めるノートやメモなども1つに集約することで、思考がシンプルになり迷走する

ことがなくなります。何がどこにあるのかが明確であれば、必要なときに効率よく情報を取り出すことができるでしょう。

　持ち物は、シンプルなだけでなく上質なものに変えてみるのも大きな効果があります。質のいいものを持つと、自分の意識まで変わってきます。少し高級なボールペンや靴、ネクタイなど、使っているだけで背筋がスッと伸びるような、自分自身を鼓舞してくれるものを持つことで、自分のあり方そのものを意識することができるのです。

　自分の持ち物、特に仕事道具は「自分自身の存在を示すもの」です。自分自身にも大きな影響を与えてくれますが、それは仕事相手にとっても同じです。質の高い仕事道具を持つことで、相手に「仕事への向き合い方」を伝えることができます。「この人は仕事道具を大事にしている。きっと丁寧な仕事をしてくれるに違いない」と、信頼してもらうこともできるでしょう。

　シンプルで質の高い道具を持つことで、仕事に対するクリアな思考を保ちながら、最高のコンディションをつくり出すことができるのです。

ポイント

- シンプルな持ち物は、行動や思考のプロセスをシンプルにし、仕事の効率を高めてくれる。
- 質のいいものは、自分を鼓舞してくれる。
- 道具を大事に使っていると、仕事相手からの信頼も得られる。

仕事環境を整理する

一流のコンサルは
忙しくても机がきれい

　優秀なビジネスパーソンの特徴の1つに「机がきれいであること」があります。たくさんの仕事を抱えていても、机の上が雑然としていることがないのです。

　優秀なビジネスパーソンほど机がきれいなのはなぜでしょうか。
　彼らは、集中したいときに作業環境が整っていないと、集中できなくなってしまうということを知っているのです。考えごとをしているときに余計なものが目に入ってしまうと、どうしてもそちらに気を取られてしまいます。机の上の状態が頭の中の状態を表しているということを知っているからこそ、彼らは常に机をきれいな状態に保つことを大切にしているのです。

　また、仕事で必要なものが出てきたときにも、整理整頓ができていないと準備に時間がかかってしまうでしょう。使いたい資料が見つからない、処理している最中のデータや参考資料がすぐに取り出せないといった事態は、じわじわと仕事の効率を妨げる要因になるのです。

　散らかった机を整理するには、まずは「断捨離」をしましょう。終わった仕事の書類や参考資料は、最終的な成果物のみを残して処分します。取引先から入手した資料は、すべて返却するかシュレッダーにかけ、万が一にも流出しないように細心の注意を払って処理します。

　ときどき「次の仕事で参考になるかもしれないから、一応とっておきたい」という声を聞きます。しかし、こうした資料が後から役立つ例は稀でしょう。データはどんどん古くなっていくため、次の仕事では、新しい情報をもとに作成する必要が出てきます。それでも、仕事を効率化させるための「型」として残しておく必要がある場合は、データ化したり決まったファイルにまとめたりなどして保管しておきましょう。

　大きなプロジェクトが終わった後や、月末など決まったタイミングで徹底的に整理する日をつくっておくのがおすすめです。毎週、曜日を決めて取り組むのもいいでしょう。定期的に身の回りをきれいにすることで、頭の中もリセットすることができ、常にクリアな思考で仕事に向き合うことができます。

ポイント
- 机の上の状態は、頭の中の状態を表している。
- 必要のないものは全部捨て、最終成果物以外は保管しない。
- 整理整頓のタイミングを決め、仕事環境も頭の中も常にクリアにしておく。

心と体を整えるために十分な休息をとる

　仕事で高い成果を上げるためには、休息にも真剣に向き合う必要があります。自身の健康状態をコントロールし、心と体、そして思考を常にクリアに保てることが、優秀なビジネスパーソンの条件の１つです。

　休息には２種類あります。１つは「静的休息」です。睡眠のように体を動かさず、しっかり休んで疲労を取るもの。

　もう１つは「動的休息」です。ウォーキングやヨガ、ゆったりとした水泳などの有酸素運動で体を動かします。運動によって疲労物質の乳酸の分解を促し、回復を早めることができます。

　２つの休息を自分の体調に合わせて組み合わせると、効果的に疲労を回復させることができます。

　疲れがたまっている場合は、特に睡眠を意識しましょう。睡眠は自律神経のはたらきと密接に関わっています。睡眠不足によって自律神経が乱れると、感情も不安定になります。不安定な感情がパフォーマンス低下につながった経験は、誰しもあるでしょう。

　また、休息には文字通り「息を整えるために休む」という目的
もあります。脳の働きが低下する要因の1つに、酸素不足があり
ます。疲れている人は呼吸が浅く、しっかり酸素を脳に送ること
ができなくなり、脳のパフォーマンスも低下してしまいます。深
い呼吸には瞑想が効果的です。ゆったりとした呼吸を心がけるこ
とで、深く静かな呼吸を取り戻すことができます。

　それでも疲れていると感じたら、思い切って休みを取りましょ
う。温泉に行ったり、自然に触れてリフレッシュしたりするとい
いでしょう。遠出しなくても、家で温かいお風呂にゆっくり浸か
り、入浴剤やアロマを活用してリラックスできる工夫をするのも
効果的です。

　また、休むときはスマホなどのデジタル機器から距離を取るこ
とも大切です。情報過多はストレスの要因の1つなので、デジタ
ルデトックスで気持ちを切り替えるようにしましょう。
　また、ストレスが溜まっているからと、アルコールを多量に摂
ることもおすすめできません。ストレス発散のつもりでも、疲れ
が余計に溜まり状態が悪化してしまいます。
　積極的に休んで集中力や意志力を回復させ、パフォーマンス向
上に努めましょう。

ポイント

• 休息には、体を休めることで回復を図る「静的休息」と、体を動か
　すことで回復を図る「動的休息」がある。
• しっかりとした睡眠で、感情の不安定化を防ぐ。
• 疲労物質の分解を促す「動的休息」もうまく使う。

一段高い「鳥の目」で
物事を見る

　優秀なビジネスパーソンの多くは、ほかの人よりも一段高い視点からものを見ています。全体を見回してトラブルの元になりそうなポイントを素早く見つけ、すぐにフォローに入り、ゴールに向かって滞りなく仕事を進めることができるのです。

　全体を見渡すこの視点を「鳥の目」といいます。空の高いところから全体を見渡し、まるで鳥のように視点の高さや角度を変えながら状況を把握するのです。

　それに対し、近いところに集中する視点を「虫の目」といいます。自分の視点や評価基準を中心に物事を考えることを、小さな虫の目線にたとえているのです。

　仕事においては、どちらも大切な視点です。しかし、仕事のスピードを左右するのは「鳥の目」でしょう。周りの状況を把握し相手の立場や角度を変えた視点を意識して考えることで、さまざまな状況に合わせて柔軟に対応し、スムーズに案件を進めることができます。

　鳥の目を持つにはどうしたらよいでしょうか。

　大事なことは「今、どの視点で物事を見ているか」を意識することです。人は何も意識せずにいると、照準が「自分視点」に合いやすくなっています。何かトラブルが起きるとつい自分の評価基準で物事をジャッジしてしまうのも、自然と自分視点で物事を捉えるようになっているからです。

　「今の視点は『虫の目』なのか、『鳥の目』なのか」を常に問いかけていきましょう。虫の目でいる自分を意識し、「部長だったらどうだろうか」「世界基準で考えると」といった鳥の目の意識に変えてみることで、仕事の全体を捉えるスキルがどんどん上がっていくのです。

　鳥の目を意識できるようになると、自分中心の視点だけでなく「この相手ならどう考えるか」「この視点ではどう見えるのだろうか」と、さまざまな見方や考え方を持てるようになります。アイデアの幅も広がりますし、相手とのやり取りで質の高いコミュニケーションが取れるようになるので、仕事もスムーズに回せるようになるでしょう。

　全体を俯瞰する鳥の目によってクリエイティブな視点を手に入れ、自分の仕事に関わるすべての人にとってメリットのある仕事の進め方を追求してみましょう。

ポイント

- 「鳥の目」は全体を俯瞰することができる。
- 多くの人は自分視点の「虫の目」になりがち。
- 虫の目になっていることを自覚した上で、俯瞰視点を習慣化できるよう、日ごろから訓練する。

「過去の分析」よりも 「未来の仮説」に時間を使う

　ある１つの問題を解決しようと考えたとき、過去の出来事の分析からヒントを得ようとする人は多いでしょう。これまでに起こったことやその問題の詳細、周りの対応などを振り返り分析して成功の法則を探るのは、問題の解決に対して確実な方法です。

　しかし、過去の出来事がこれからの未来に必ず当てはまるのかどうかには疑問が残ります。時代の変化はどんどん速くなっており、過去の出来事からの学びが当てはまるパターンは少なくなってきているからです。「昔はこうだった」が当てはまらない時代が、すぐそこまできているというわけです。

　では、どのように問題を解決したらいいのでしょうか。大事なのは「未来の仮説を立てる」ことです。１つずつ、詳しく解説していきましょう。

　問題が起こったとき最初にするのは「何が課題となっているか」を見つけることです。考えられる課題はいくつもあるでしょう。その中で、最もキーになるものを探します。それには、過去の事例を調べたり資料を読み込んだりして情報を取り入れていきます。また、周りの経験者やプロフェッショナルの意見を聞き、

問題の焦点を探っていきます。

　焦点となる部分を見つけたら、次にすべきは「解決策となる仮説を立てる」ことです。

　最初から確実に正解となる仮説を立てるのは難しいでしょう。仮説は、問題を解決し価値を生み出すための「仮のアイデア」なので外れることもありますが、その場合は新たに仮説を立ててまた検証すればいいのです。

　仮説を立てて検証し、結果が求めているものと違っていれば再度仮説を立てて検証する。何度も仮説と検証を繰り返すことで、一歩ずつ確実にゴールへ近づいていきます。これが、優秀なビジネスパーソンが大切にする「未来の仮説立て」です。

　「過去の分析」と比べてみると、一見確度が低く遠回りのように感じるかもしれません。しかし、過去を元にした分析の結果と比べると、最初に立てた仮説から次の仮説に行くまでに、目指すゴールへの距離は確実に近づいています。また、これを何度も繰り返すことで、ゴールへ到達するための道筋が感覚的に見えてくるようになります。仮説と検証のサイクルを回すことで、質とスピードの両方を兼ね備えた仕事ができるようになっていくのです。

ポイント

- 過去のパターンが当てはまるケースが減ってきている。
- 優秀なビジネスパーソンは、未来の仮説立てに時間を使う。
- 仮説が外れたら、再度立て直せばいい。
- 仮説と検証のサイクルで、仕事の質とスピードが上がる。

対話型AIを
思考の壁打ちに活用する

　ChatGPTやGeminiといった対話型AIサービスの目覚ましい進化によって、これまで人の手で行われてきたデータ分析や文章作成、要約やアイデア発想などは、生成AIに任せておけばいいといわれるまでになっています。ビジネスに取り入れる人も増えており、「便利すぎて手放せない」という声もよく聞かれます。

　確かにAIの進化は目覚ましく、ぎこちなかった文章生成も改善を積み重ね、今や人が書いたものと区別がつきません。人の手を介するとかなり時間がかかるイラストも、数分で完成品が出てくる便利さに思わず頼りたくなる気持ちもわかります。

　しかし、なんでもAIを頼ればいいのかといえばそうではありません。AIにも弱点がいくつかあります。まだ発展途上の技術であるため、生成される情報にフェイクが含まれることがよくあります。不自然な表現や言葉遣いが見られることも多いでしょう。まだまだ、完全に頼りきるわけにはいかないのが現状です。

　AIを活用する際に大事なのは「質問力」です。欲しい答えや条件が曖昧な質問は、AIの苦手分野。曖昧な表現から行間を読んで質問に答えることができないため、質問内容や条件によっては、

的確な答えを引き出すことが難しくなるでしょう。AIを活用するのであれば、AIの弱点をしっかり理解しておくことが必要だといえます。

　また、AIが出した回答をそのまま使うのも控えたほうがよさそうです。先ほども挙げたように、AIの出す回答の中にはフェイクが混ざっていることが多々あります。AIによるアウトプットを盲信して振り回されるのではなく、冷静な目で内容を検証することが必要でしょう。

　これらを踏まえ、AIの有効な活用方法として提案したいのが「壁打ち」です。ビジネスにおける壁打ちとは、誰かに自分の話を聞いてもらうことで思考を深めたり整理したりすることを意味しますが、優秀なビジネスパーソンはすでにChatGPTを壁打ちに使っています。質問を投げて、ChatGPTからの答えを刺激にして自分の考えやアイデアを深め、また浮かんでくる質問を投げてみるのです。これを繰り返すことで自分の思考やアイデアが広がり、深まります。誰かの時間をもらうことなく、24時間いつでも、ひらめいた仮説や課題について意見交換ができるのです。

　AIの得意分野を活かしながら自分の思考を刺激し、AIの苦手分野をしっかり理解して振り回されないようにする。これからの時代の新しいビジネススキルの1つとして、AIとの上手な付き合い方を探ってみましょう。

> **ポイント**
> - AI活用に大事なのは、求める回答を導く的確な「質問力」。
> - 曖昧な表現に対応できないことや、フェイクの出力など、AIの弱点を理解した上で慎重に活用する必要がある。
> - 24時間相談に乗ってくれる壁打ち相手としてAIを活用する。

仕事に取りかかる前に
ゴールを明確にイメージする

　優秀なビジネスパーソンが、仕事をはじめる前に必ずやっていることがあります。それは「ゴールを明確にイメージする」ことです。目指すゴールが明確であることは、時間をロスしたり無駄な動きをしたりせずに、効率よく仕事を進めるために必要な条件なのです。

　お菓子づくりの仕事で考えてみましょう。優秀なパティシエは、最終ゴールであるケーキのイメージを明確に持ってからつくりはじめます。ゴールというのは、見た目だけではありません。味や調理の過程まで、細かい道筋を明確に想定し共有しているからこそ、必要な材料を事前に揃えることができますし、段取りよくケーキをつくることができるのです。

　これは、どの仕事にも共通することでしょう。仕事に取りかかる前にゴールを明確にイメージし、そこから逆算して仕事を組み立てていくのが成功の秘訣なのです。

　ゴールが明確になると、そのゴールに向かうために必要なこととそうでないことの線引きがはっきりします。余計な回り道をせずに済むので、必要な作業に絞って取り組むことができるでしょう。限られた時間の中で質の高いアウトプットを出すために欠か

せない工程なのです。

　また、ゴールのイメージをできる限り具体的にするというのも大切なポイントです。たとえば「プレゼン資料を作成する」というゴールよりも「50代の決裁権者の心を打つプレゼン資料を作成する」といった具体性があるほうが、ゴールに向かうまでの道筋がより明確になるでしょう。さらに「8枚のスライドで」「図表を使ってデータを示しながら」などといったイメージを加えていけば、やるべきことがどんどんクリアになっていきます。

　とはいえどのようにゴールをイメージしたらいいか悩む人もいることでしょう。ここでは、短い時間で解決策を考える手法をご紹介します。

　3章でも解説しますが、「空・雨・傘」の3要素に沿ってアウトプットしていくというシンプルな手法です。

　「空」は今起こっている事実を、「雨」はその事実に対する解釈を、「傘」は解釈からどう行動するかを示しています。

　たとえば、アイスの新商品を企画する場合。50代男性の売り上げシェアが少ないという事実が「空」。それに対し、生活習慣病が一番多い年代であることを踏まえ、糖分の摂取を抑えたいニーズがあるだろうという解釈が「雨」です。

　「傘」は、そのニーズに応えるために、糖分控えめのアイスの開発を行う、という解決策を提示するのです。

ポイント

- ゴールを設定すれば、そこまでの道筋がはっきりし、時間のロスや無駄な動きを省くことができる。
- ゴールはできる限り具体的にイメージする。
- ゴールの設定には「空・雨・傘」の手法が役に立つ。

「ガントチャート」を使って
進捗状況を見える化する

　仕事をはじめるときは、ゴールまでのイメージを持つことが重要だと解説しました。具体的なイメージを持つことができたら、その過程を見える形で示しておきましょう。

　ゴールに向けてやることを順番に示し、その工程を明確にしておくことは、効率よく仕事を進めるために大切です。

　目指すゴールとその過程を考えるだけでは、実は足りないのです。その道順を示す地図となるものがなければ、過程の途中で迷子になってしまう可能性があります。

　道順を示すには「ガントチャート」が効果的です。ガントチャートとは、スケジュールや作業の工程を管理するための表のことです。作業の開始から完了までの期間をバー（棒）で示すことで、現在地やゴールを視覚的にわかりやすく示すことができます。そこに、現在の作業の様子を書き込めば、進み具合を細かく確認することができるのです。

　たとえば、1つの仕事においてざっくりと3つに作業が分割できるとします。この3つをそれぞれガントチャートに落とし込み

ます。いつからいつまでに、それぞれの作業を行えばいいかが目で見てパッとわかるのがガントチャートのメリットです。

　作業の期限が明確になるとともに、「自分が今どの段階にいるのか」もすぐに把握することができます。最終締め切りまでに、自分がどの段階にいるのかを把握することは、作業の過程において一番重要です。もしギリギリのスケジュールになっているようなら、作業を早める必要があります。作業スピードの管理まで見てわかるのも、ガントチャートのよさでしょう。

ガントチャートの例						
16 月	17 火	18 水	19 木	20 金	21 土	22 日
リスト精査 ████	████	██				
出演 オファー		████	████	████	████	
プログラム 作成				████	████	████

　ガントチャートを例に出しましたが、エクセルやスケジュール表などを使って管理するのもいいでしょう。自分が使いやすい形を把握し、作業によってカスタマイズできると、作業効率も上がります。

ポイント

- 工程を視覚化すると、仕事の効率が高まる。
- 複数の進捗がひと目でわかる「ガントチャート」が便利。
- 工程表は作業の内容や性質、メンバーの数などに合わせて使いやすいものを使う。

コンサル式「仕事の基本」

- ☐ 「緊急度」と「重要度」を見極める

- ☐ 作業時間を正しく見積もる

- ☐ 対面・電話・メールを使い分ける

- ☐ 失敗の経験を大切にする

- ☐ 現場から生の情報を仕入れる

- ☐ 作業環境をいつでもきれいに保つ

- ☐ 十分な休息を定期的にとる

- ☐ 「鳥の目」で仕事を俯瞰する

- ☐ 対話型 AI をうまく活用する

- ☐ 仕事のゴールを明確にイメージする

第 **2** 章

魅力的なアイデアを
ロジカルシンキングで
磨き上げる

どんなに素晴らしいひらめきが生まれても、それを形にすることができなければビジネスになりません。大切な直感やひらめきをロジックで磨き上げ、成果へとつなげるための思考法を身につけましょう。

自分の考えを明快に伝えるための「ロジカルシンキング」

「ロジカルシンキング＝論理思考」と聞くと、小難しくて理屈っぽいイメージがあるかもしれません。ところが、実際には真逆だといえます。論理思考とは、自分の「ひらめき」や「直感」を大切にして、それらを活かして周りの人たちからの賛同を得るために行うクリエイティブなものなのです。

「他者の教訓にとらわれないでほしい。なにより自分の心と直感を信じる勇気を持ってほしい」。この言葉を遺したのは、アップルの創業者スティーブ・ジョブズでした。コンピュータの世界で成功を収めた彼の言葉はキラキラと輝いています。しかし、ビジネスにおいて自分の心や直感を信じきることにためらいを持つ人も多いでしょう。ロジカルシンキングは、直感を成功につなげるための思考法です。「自分の心＝ひらめき」と「直感」を俎上に載せ、ちょっと深く探ってみましょう。探ることとは、深く考えることです。

マッキンゼー流の「本物の論理思考」とは、「クリティカルに考え（深い洞察による自分の考えを持ち）、ロジカルに転換する

（わかりやすく伝える）」ことです。具体的な思考作業としては次の３つのステップです。

Step①　前提を自分でちゃんと確認する（それは本当？）

Step②　深く根拠を調べて伝える（〜だからだよ）

Step③　自分だけの深い意見を持つ（それ、いいね）

　この３つのステップを、ロジカルシンキングを使ってクリアしていきましょう。まず「ひらめき」と「直感」を深く探り、「それは本当なのか？」と問いかけます。次に、その根拠を探し当てることで確証を得ます。そして、独自の発想を相手に伝えることで共感を得て、「それ、いいね」と言ってもらうという流れです。

　「論理思考を身につけるには、頭の回転の速さが必要なのではないか？」と思われがちです。しかし、頭の回転の速さというのはそもそも曖昧なもので、論理思考とはあまり関係がありません。勉強量や試験の結果で測る頭のよさではなく、勉強だけでは身につかないクリエイティビティを持つ人を「地頭がいい」と表現することがありますが、まさにその地頭のよさが、論理思考には重要だといえるでしょう。

　教えられた通りにやるのではなく、それぞれの場面で応用を利かせながら、魅力的なコミュニケーションで周囲に自分の考えを伝える訓練を重ねていけば、クリエイティブに論理思考を使えるようになっていきます。

> **ポイント**
> - 論理思考は小難しく理屈っぽいものではなく、ひらめきや直感を形に変えるためのクリエイティブな思考法。
> - 論理思考は３つのステップで進める。
> - 論理思考力は頭のよさとは関係ない。

ロジカルなだけでは 人の心は動かない

　ビジネスの現場では、論理的に正しいのに「なぜかうまくいかない」という場面が時々見られます。間違ったことは言っていないはずなのに、どこか的を射ていない感じがあったり、人の心を動かすことができなかったりするケースです。これは、クリティカルな思考（深い洞察）が欠けている場合に起こる現象です。

　たとえば「ユーザーからのクレームは少ないほうがいい」というのは論理的には正しいことでしょう。しかし、新しいサービスやソフトウェアなどのベータ版（正式発売前の評価版）をリリースした場合はどうでしょうか。ベータ版に対するユーザーからのクレームは、のちにリリースする製品版のクオリティを高めるための貴重なヒントになります。この場合には、クレームが少なければ少ないほうがいいとは言い切れないでしょう。むしろ、ユーザーからの意見が多ければ多いほど製品版の完成度が高まるならば、この段階でのクレームは歓迎すべきものであるかもしれません。

　「ユーザーからのクレームは少ないほうがいい」という「論理的に正しい」思考ですが、常にそれが当てはまるわけではないため、これを絶対的なルールにしてしまうと新しい発想が生まれに

くくなってしまう可能性があるのです。

　また、論理的にいくら正しくても、シチュエーションによって
その考え方や行動はベストではないケースがあります。論理思考
で物事を判断し、実行していくことを「正しいこと」とした場合、
たとえば顧客からクレームのメールが届いたとき、「このクレー
ムが持つ本質的な問題とは何か？」と考えることは「論理的には
正しい」ことですが、顧客対応としては「正しいとはいえない＝
不正解」となります。顧客からのクレームに対して最初に取るべ
き正しい行動は、「まず謝罪して」「問題点を真摯に聞く」という
対応でしょう。

　よくあるのが、「Aという現象が起こったときにはAの対応さ
えしておけば問題は解決できる」という考え方です。これは一見
して「A現象にはA対応」という論理的なアクションに見えます
が、クリティカルな思考が欠けています。現象を見極めた上で深
く洞察し、「もしかしたら、今回はちょっと違う対応をしたほう
がいい」と、直感が働くようにしておかなければなりません。こ
うした論理思考は、ビジネスシーンだけでなく、人生全般にも大
きなプラス作用をもたらしてくれるものだといえるでしょう。

ポイント

- 深い洞察が欠けていると、人の心を動かせない。
- 論理的に正しくても、状況や相手によってはベストな選択肢ではな
  くなる。
- 深い洞察を妨げる「絶対的なルール」に注意する。

新しい発想を妨げる先入観

無意識にハマる「思考のクセ」が誰にも存在する

　人間は、幼年期から思春期の中で「思考のクセ」というものを身につけます。そして、仕事をする上でもプライベートな生活の中でも、何か問題が起こって解決しなければならなくなったとき、無意識のうちにその思考のクセを使って問題を分析し、解決しようとします。思考のクセがあると、いちいちあれこれと考えをめぐらせながら判断する必要がないので、手早く問題を解決させることができます。それゆえに、無意識のうちにその選択をしているのです。しかし、「思考の枠」の中にとどまってしまうことで、新しい発想ができなくなるというデメリットがあります。

　この思考のクセの具体的な例として、「おせち料理」について考えてみましょう。

　おせち料理は、元旦の食卓に並ぶ日本の伝統的な料理です。私たちは「お正月＝重箱のおせち料理＝伝統」という思考を無意識に持っているでしょう。しかしその思い込みは、「本当はそうではない」かもしれないのです。

　おせち料理は1960年代の高度経済成長期に、主婦層への大きな影響力を持っていた婦人雑誌やテレビの料理番組で紹介されて一

般家庭に広まったといわれています。それまでのお正月といえば「お雑煮」は欠かせなかったものの、野菜の煮しめをつくる程度でした。肉や魚、かまぼこや伊達巻、黒豆や栗きんとん、昆布巻きなどの凝った料理が並ぶ現在のようなおせち料理は、さほど一般的ではなかったのです。

　ところが、時代が変わり、都市化が進んだことで、これまでの大家族制から核家族と呼ばれる新しい家族制度が形成されてきました。このスタイルに合わせるようにして、「新しいおせち料理」が登場し、浸透してきたと考えられているのです。

　現在のような華やかなおせち料理は、実は古くから伝わる食文化というわけではなく、むしろ古くから伝わるお正月の食文化のパターンを壊して生まれたのが、現在のようなおせち料理なのかもしれません。

　このように、伝統料理だと信じ込んでいるおせち料理1つとっても、「本当にそうなのだろうか？」と思考を働かせることで、これまでとは異なる視点や見方が発見できるわけです。

　クリティカルな思考を働かせようとするとき、思考のクセが邪魔をしてしまうことがあります。まったく新しい発想を生み出すためには、まずは誰もが思考のクセを持っているということを意識しておくことが大切です。

ポイント

- 誰にも、思い込みや経験に基づく「思考のクセ」が存在する。
- 思考のクセは、クリティカルな思考を妨げる。
- 「自分には思考のクセがある」ということを、意識しておくことが重要。

6つの視点から思考する

「シックスハット法」で 思考のクセを打ち破る

　私たちは、ともすれば「決まった思考パターン」に陥りがちになります。同じ思考の枠の中で物事を判断したり、問題解決をしたり、仕事を進めたりするほうが手軽で楽だからです。しかし、それではクリティカルな思考は生まれてきません。そこで、「シックスハット法」というアイデア発想法をおすすめします。

　シックスハット法とは、その名の通り6種類の色の帽子を被って、6つの違うパターンの思考をするというものです。自分とは異なる人になりきって思考することで、自分の中にある固定概念や思考パターンを打ち破ることができます。ゲーム感覚で試してみてもいいでしょう。

①白（客観的思考）……数字やデータ、信頼できる情報をもとに考える。

②赤（直感的思考）……感情や感覚、直感的な発想をもとに考える。

③黒（否定的思考）……課題やリスク、損失などをもとに考える。

④黄（肯定的思考）……評価できる点やメリットなどをもとに考える。

⑤緑（創造的思考）……革新的なこと、これまでにないものをもとに考える。

⑥青（プロセス管理思考）……**全体を見渡し、実現性をもとに考える。**

　それぞれの色の帽子（実際には各色のカードなど）を持って、その色の決められた思考パターンで考えることがポイントです。たとえば、「子ども向けのおもちゃを海外に輸出して販売したい」と考える玩具メーカーを例に、シックスハット法を使ってアイデア出しをしてみましょう。

①白（客観的思考）……**海外では、遊びながら感性や思考力を鍛えられる「知育玩具」のマーケットが伸びている。**

②赤（直感的思考）……**日本生まれのゲームやアニメは世界で人気があるので、愛らしいキャラクターをつくれば海外で受け入れられる。**

③黒（否定的思考）……**海外には歴史ある玩具メーカーが多く、競合負けのリスクもある。**

④黄（肯定的思考）……**開発を通して海外のおもちゃ文化に触れることで、会社として新しいアイデアや感性を取り入れることができる。**

⑤緑（創造的思考）……**SDGsや環境問題など世界的な取り組みと絡めるのはどうか。**

⑥青（プロセス管理思考）……**国内外の機関や企業と提携しながら、子どもの環境教育に役立つおもちゃを開発する。**

ポイント

- 「シックスハット法」で自分の中に6人の人物をつくり、さまざまな角度から思考する。
- 1つの課題を6つの面から見てノートに書き出してみる。
- シックスハット法は、1人でも複数人でもできる。

もう一段深い答えを探る

一歩踏み込んで考えると
クリティカルな思考ができる

　仕事でのミスは誰にでもあるものでしょう。ミス自体はマイナスなものですが、それによって仕事を覚えていったり、ミスの内容を分析し、改善していくことで、成長や新しい発見に結びついたりすることもあります。

　そうはいっても、やはりミスをすると落ち込んでしまいます。また、上司からも「なぜミスをしたのか？　しっかりと確認していないからではないのか？　自分が判断する前にほかの誰かに確認するように」などと言われることもあるでしょう。

　たしかにミスをするのは確認不足や経験不足という面がありますが、「事前に確認を念入りにすることでミスをなくす」というのは、いたって表面的な解決策です。同僚に何度も確認をするのは、忙しい同僚にとっても余計な仕事が増えることなので迷惑になるかもしれません。確認を徹底することでミスが減ると考えるのではなく、クリティカルな思考を活用して、もう一歩踏み込んだ解決策を考えてみましょう。

　つまり「ミスをなくすには確認を徹底すること」という表面的な思考を掘り下げて、「確認しなくても済むようなしくみに変え

る」と考えれば、本質的な問題が浮き彫りになってきます。

　仕事をすることの目的とは、販売業であれば多くの商品が売れること、多くの契約を取ることといった「成果を上げる」ことです。それに対して「ミスをなくすこと」はその目的を達成するために直接の関係はありません。ミスをなくすことばかりに勤務時間を使っていては、本来の目的から遠ざかってしまいます。下手をすれば、オフィスの勤労意欲、士気を下げてしまうことにもなりかねません。

　クリティカルな思考とは、一歩踏み込んで考えることです。「ミスをしないために確認を徹底する」と考えるのではなく、そこからさらに深掘りして、「確認しなくても済むようなしくみをつくれないのか？」というところから発想する思考法です。

　クリティカルに考えることは、当たり前に考えて出てくる答えや、ありきたりに対応してしまっていることを「いや、待てよ。もう一歩踏み込んで考えてみたらどうだろう？」と自分を戒め、発想点を変化させることです。「当たり前のことを言わないようにする」「自分が出した答えを疑ってみる」ことを通して、いつもより一段深いクリティカルな思考にトライしてみましょう。

■ ポイント

- クリティカルな思考は、もう一歩踏み込むことで生まれる。
- 「当たり前のこと」を言わない。
- 「自分が出した答え」を一度疑ってみる。
- 「これまで絶対に言わなかった意見」を述べてみる。

クリティカルな思考は
日常生活の中でも鍛えられる

　クリティカルな思考は、仕事だけではなく日常生活の中でも習慣化することで、自然に身につけることができます。いくつかのケースを見ていきましょう。

　気の利いた友人が「今からコンビニに行くけれど、何か買ってくる？」と尋ねてくれたとしましょう。こんなとき、ついつい「何か飲み物を」などと、フワッとしたお願いをしてしまいがちです。しかしここで「ちょっと肌寒いから、温かいコーヒーが欲しい」というように具体的に伝えてみましょう。これだけでも、クリティカル思考の「筋トレ」になるのです。

　次の例ですが、数人でレストランに出かけたとしましょう。「僕はBランチ」と1人が言うと、「僕も」「私も」とほかの人が次々に相乗りするケースがあります。本当にBランチを食べたいのならいいのですが、「とりあえず乗っかろう」という選択がクセになってしまうのは危険です。「食事のメニューくらいで大げさな……」と思うかもしれませんが、自分の選択や行動の「根拠」を明確にすることで、クリティカル思考が鍛えられるのです。

　「在庫一掃セール」の文字に誘われてシューズショップに入ったあなた。スニーカーに貼られた50％割引の値札を見て「買おう！」と決める前に、一度考えてみましょう。「このスニーカーは本当に欲しいものなのか？」「安くなっていなかったら、買いたいと思わないのでは？」と、冷静に判断します。自分自身を別の視点から見ることもクリティカル思考なのです。

　あるイベントの主催者が「昨日のイベントは大成功だった」と話しているのを聞くと、ついつい「おお、成功したのか」と思ってしまいます。しかし、「大成功」というのはあくまでその人の「意見」。動員数や売り上げなど、客観的な事実を確認してみなければ、自分が想像しているような成功とは違うかもしれません。「事実」を言っているようで、実は個人の意見であるというシーンは日常の中にたくさんあります。そのような機会を見つけたら、事実と意見を聞き分ける訓練として活用してみましょう。

　もちろん、友人と楽しく遊んでいる時間や家族との会話の中に徹底したクリティカル思考を持ち込む必要はありませんが、練習に活用することはできるということです。当たり前を疑う力を養うために、日ごろから意識していきましょう。

ポイント

- 日々の思考をもう一段深めてみる。
- 根拠を持って具体的に話すクセをつける。
- 多方面の視点から自分を見つめ、衝動の前に自問する。
- 事実と意見の違いをしっかりと区別する。

「ロジカルに伝える」ために押さえたい3つのポイント

　ロジカルに物事を伝えるためには、「説得力」が必要です。根拠もなしに「これはいい商品です！」と言われても、「はぁ？」と思われるだけでしょう。エビデンスという言葉は、今や中学生の会話の中にも登場します。ビジネスの場で説得力のある伝え方をするためには、次の3つのポイントを押さえておくと効果的です。

①論理に「モレ・ダブリ」はないか？（論理の広がり）

　こちらが伝えたい情報の根拠となる「事実・情報」に、モレやダブリがなく、きちんと揃っているか。あるいは、こちらに都合のいい「事実・情報」ばかり用意していないかを確認することが大切です。

②論理が深掘りされているか？（論理の深さ）

　【課題となるテーマ】⇔【結論となるキーメッセージ】⇔【根拠となる事実や情報】の3つが、「So What？（だからなに？）」「Why So？（それはなぜ？）」の問いかけによって、さらに一段深く洞察されているかどうか確認しましょう。「So What？（だからなに？）」「Why So？（それはなぜ？）」の問いについては、3章でも詳しく解説します。

③論理に筋が通っているか？（論理の飛躍）

　一見論理的に成り立っていて、深くよく考えられた情報であっても、俯瞰的な視点から論理全体を見渡してみることが大切です。それもやはり「So What？（だからなに？）」「Why So？（それはなぜ？）」の問いを繰り返すことです。何度も問い直すことで論理が飛躍していないかを確認できます。

　この3つのポイントを具体例に当てはめてみましょう。

【課題となるテーマ】

・革靴を1足購入した人に、もう1足を半額で販売することで集客、売上向上に結びつくか？

【結論となるキーメッセージ】

・お気に入りの革靴を長く楽しむことができる。

【根拠となる事実や情報】

・革靴は履いたら1日休ませると寿命が延びる。

・2足あればローテーションで回すことができる。

　など……

　このように、単なる「お得なキャンペーン」として打ち出すのではなく、2足あればもう1足を休ませることができ、革靴の寿命を延ばすことができるという根拠のあるストーリーをセットにすることで、説得力のあるロジカルな提案になるのです。

ポイント

・説得力のある伝え方には、3つのチェックポイントがある。

・論理にモレやダブリがないかをチェックする。

・論理が深掘りされているかをチェックする。

・論理に飛躍がないかをチェックする。

論理を積み上げて見える化する

「ピラミッドストラクチャー」で メッセージに説得力をつける

　「ピラミッドストラクチャー」というのは、論理をピラミッド型に積み上げて、相手に伝えたいメッセージを明らかにしていくものです。その名前になじみがなくても、企画提案書などで見たことがある人も多いかもしれません。

　このピラミッドストラクチャーを構築すると、自分が伝えたい

ピラミッドストラクチャーの例

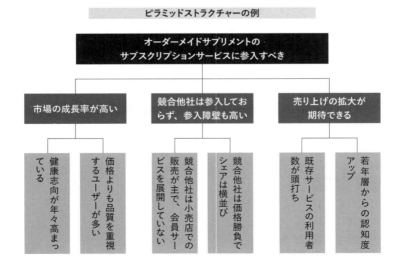

オーダーメイドサプリメントの
サブスクリプションサービスに参入すべき

市場の成長率が高い	競合他社は参入しておらず、参入障壁も高い	売り上げの拡大が期待できる

- 健康志向が年々高まっている
- 価格よりも品質を重視するユーザーが多い
- 競合他社は価格勝負でシェアは横並び
- 競合他社は小売店での販売が主で、会員サービスを展開していない
- 既存サービスの利用者数が頭打ち
- 若年層からの認知度アップ

メッセージが「見える化」されます。頭の中で考えていては整理がつかないことがありますが、これを活用すれば「論理に広がりはあるか」「深く掘り下げられているか」「筋が通っていて飛躍がないか」を見極めることができるのです。

　伝えたいメッセージがうまく整理されていないと、どのようなことが起きるのでしょうか？

【新企画の報告書】
このたびの新サービス企画について検討しましたので報告します。
・○○の市場は現在、△億円程度の規模に拡大しています
・今後も年間10%程度のプラス成長が見込まれます
・新企画の利益率は現在提供中のサービスより向上します
・当社の強みである中高年層への影響力を高められます
・競合他社は現時点で類似サービスを展開していません
・新企画は注目される可能性がありメディア露出も期待できます
以上の点から、新企画の展開を喫緊に実施すべきだと考えます。

　箇条書きで、一見読みやすい形式にはなっていますが、実際のところ、新企画を実施すべき論理的な説得力はないに等しいといえます。さらには、「もしうまくいかなければ？」という危機管理面についても触れられていません。

ポイント

- ピラミッドストラクチャーで論理を積み上げていき、伝えたいことを見える化する。
- 頭の中にある考えを俯瞰することができる。
- 相手にわかりやすくメッセージを伝えられる。

ピラミッドストラクチャーは 4つのステップで組み立てる

　ピラミッドストラクチャーは、4つのステップを踏んでつくっていけばさほど難しくはありません。

Step① 課題テーマを決める

　何について考えるのか、まずは課題テーマを決めます。

Step② 論理の枠組みを考える

　たとえば課題テーマが「新サービスに参入すべきかどうか」だった場合、「市場・競合・自社」の環境を分析します。

Step③ 思考を明確にする

　「So What ?（だからなに？）」という問いを使って思考を深掘りし、どんな意味があるのかをメッセージで示す。

Step④ 根拠を明らかにする

　「Why So ?（それはなぜ？）」の問いかけによって、メッセージの論理のエビデンスを確認する。

　結論となる最上部が「課題テーマの答え」になっています。そして、横方向が「MECE（ミーシー）」＝「互いにダブらず、モレがない」の関係になっていて、縦方向には、「So What（だからなに？）」

「Why So？（それはなぜ）」の関係が成り立っています。MECEとは"Mutually Exclusive and Collectively Exhaustive"の略で、「お互いに重複することなく、全体にモレがなく、全体を網羅している」という意味です。

　このように4つのステップでピラミッドストラクチャーをつくると、主張と根拠を上から下に向かって展開することで、相手に「わかりやすく」「説得力」のある伝え方ができるのです。

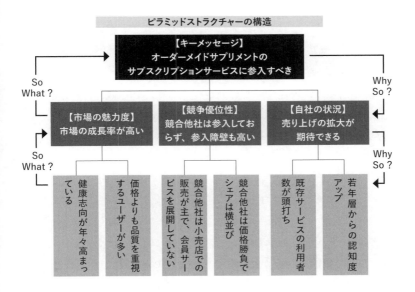

ピラミッドストラクチャーの構造

【キーメッセージ】
オーダーメイドサプリメントの
サブスクリプションサービスに参入すべき

【市場の魅力度】
市場の成長率が高い

【競争優位性】
競合他社は参入しておらず、参入障壁も高い

【自社の状況】
売り上げの拡大が
期待できる

健康志向が年々高まっている

価格よりも品質を重視するユーザーが多い

競合他社は小売店での販売が主で、会員サービスを展開していない

競合他社は価格勝負でシェアは横並び

既存サービスの利用者数が頭打ち

若年層からの認知度アップ

So What？

So What？

Why So？

Why So？

ポイント

- 4つのステップで論理を積み上げていく。
- 最上部の結論（キーメッセージ）が「課題テーマ」の答え。
- 横方向はMECEの関係性。
- 縦方向は、「So What？」「Why So？」の関係性。

3ステップで結論を導き出す 「演繹法」

　ピラミッドストラクチャーについて解説しましたが、そもそも 「課題テーマ」や「メッセージ」の出し方がわからないという人 には、「演繹法」という思考法がおすすめです。

　演繹法とは、「前提ルール（大前提）」→「調査・観察（小前提）」 →「結論・行動」の３つのステップで論理を展開していくもので、 有名な例として次のケースがあります。

① 「人は必ず死ぬ」（という大前提）

② 「ソクラテスは人である」（という調査・観察）

③ 「ソクラテスは必ず死ぬ」（と結論・行動）

　演繹法を活用した思考は、「前提ルール（大前提）」にとって意 味のある「結論・行動」が必ず導き出されるのが特徴で、「三段論法」 と呼ばれることもあります。ビジネスの事例で、この演繹法を使っ てみましょう。

前提ルール（大前提）……**社内文書の40％を電子化すると、経 費が20％削減できる。**

調査・観察（小前提）……**当社は本年度、20％のコスト削減目 標を設定した。**

結論・行動……本年度は社内文書の40%を電子化しよう。

　ただ、演繹法での思考展開で注意しなければならないのは、「前提ルール（大前提）」が間違ったものであったり、「調査観察（小前提）」に間違った情報やデータを入れたりすると、「結論・行動」が明らかに間違ったものになってしまうということです。

　たとえば、前提ルール（大前提）に「国内の音楽ファンがかなり減っている」を、「調査・観察（小前提）」に「CDの売上も激減している」を設定したとしましょう。その結果「今後、音楽系へのスポンサードは中止しよう」という「結論・行動」が導き出されたとして、これは果たして正しいのでしょうか？

　配信やサブスクリプションの普及によってCDの売上がかなり落ちていることは事実ですが、人々が音楽を聴かなくなったとは断定できません。アナログレコードをリリースして売上を伸ばしているミュージシャンもいますし、大型フェスなどのライブイベントのチケットが発売直後に完売するという事例も多く、国内の音楽ファンが減ってきているという前提にも疑わしい面があるといえるでしょう。

　「大前提や小前提が正しいのかどうか？」を疑うクリティカル思考のスキルも大切にしながら、演繹法を活用していきましょう。

ポイント

- 大前提＋小前提で結論を導き出す「演繹法」。
- 大前提や小前提が誤っていると、結論も見当違いになる。
- 有効な結論が導き出せるように、クリティカル思考で大前提や小前提の正しさを疑うクセをつける。

「前提ルール」を変えると
まったく新しい結論が出てくる

　演繹法について前項で解説しましたが、いくら考えてもいい答えや解決策が浮かんでこないときには、前提ルールを思い切ってまったく別のものに変えてみることをおすすめします。

　１つ例をあげてみましょう。日本の新幹線は、その安全性の高さと乗り心地、騒音や振動の少なさなど高いパフォーマンスが評価され、世界にも車両やシステムが輸出されています。

　この新幹線開発時の最大の問題点は、動力の電気を取るパンタグラフが出す風切り音でした。時速300キロを超えて走行すると非常に大きな騒音となり、沿線住民の音環境に影響します。住宅地近くを高速走行する新幹線の騒音基準は世界一厳しく、一般的な掃除機の音と同程度以下に抑えなければならないのです。

　この問題は、これまでの考え方とまったく違う前提ルールによって解決されました。「猛禽類が獲物を狙うとき、速く静かに飛ぶ」ということを、前提ルールに設定したのです。そこで焦点を合わせたのがフクロウでした。

　フクロウの羽には、独特の細かなノコギリ状のギザギザがあり、空気中で小さな渦をつくります。これによって、飛ぶときの大き

な音の原因である大きな渦ができるのを防ぎ、羽音を立てることなく獲物に襲いかかることができるのです。フクロウの羽の特性を新幹線のパンタグラフに応用し、ギザギザの形状をつけたところ、基準値以下の騒音に抑えられたのです。

前提ルール（大前提）……猛禽類が獲物を狙うときは速く静かに飛ぶ。
調査観察（小前提）……猛禽類のフクロウの羽に秘密がある。
結論・行動……フクロウの羽を真似た構造にする。

　最新の工業技術によって製造される新幹線の騒音問題を解決するために、自然界の情報を前提ルールとして持ってくるという発想は、まさに奇想天外と思われるかもしれませんが、こうした発想法は「シネクティクス（類推）法」と呼ばれています。シネクティクスとはギリシャ語で「異なった、一見関係のない要素を結びつけて、統合する」という意味です。
　問題解決のために長い時間考えているときは、これまで考えもしなかった分野などの情報を集めたり、芸術鑑賞をしたり、自然の中で過ごしたり、友人と話をして知識を得たりすることで、新たな発想が生まれてきます。その発想を、「演繹法」の思考ロジックを活用して、新しい質の高い結論に結びつけていきましょう。

ポイント

- 行き詰まったら、まったく新しい前提ルールを立てる。
- 新幹線の騒音対策は、獲物を狙うときに速く静かに飛ぶフクロウの羽からヒントを得た。
- 常にあらゆる分野にアンテナを張って、情報を集めておく。

類似する要素を見つけて仮説を導き出す「帰納法」

　演繹法と同じように思考の役に立つ「帰納法」を使ってみましょう。帰納法も、演繹法と同じように、しくみそのものは決して難しいものではありません。

　帰納法は、「複数の事実・状況」→「類似性の調査観察」→「推論（結論）」のステップで論理を展開します。1つ例をあげてみましょう。

複数の事実・状況……無人販売の冷凍食品やスイーツが人気。

類似性の調査観察……管理は必要だが、人件費が抑えられるし、通行者数も多い。

推論（結論）……今後、雑貨や衣料品、花などの無人販売店も増える。

　無人販売店は、繁華街のさほど広くないスペースでも開店することができ、人件費も相当抑えられることから、新たなビジネスとして展開することができます。データや情報を集め、類似する項目（無人販売店の場合なら「通行者数」や「人件費が抑えられる点」）などを見つけ、結論となる推論の裏づけを取ります。ビジネスの場面で「帰納法」を使い、「推論（結論）」となるキーメッ

セージを導き出してみましょう。もう1つ例を見てみます。

複数の事実・状況……新聞をよく読む人の営業成績は高い。

複数の事実・状況……話題が豊富な人の営業成績は高い。

複数の事実・状況……社交的で、さまざまな業界の知識を貪欲に吸収する人の営業成績は高い。

類似性の調査観察……営業成績の高い人は情報収集能力がすぐれている。

推論（結論）……新聞やニュースアプリ等から時事情報をたくさん仕入れれば、営業成績アップにつながる。

　帰納法を使って「推論（結論）」を導き出す際に重要なものは、観察力と想像力です。今の社会のトレンド情報を観察して「複数の事実・状況」を得たら、次に、そのトレンドには類似性はないかと「類似性の調査観察」をします。そして、想像力を働かせて「こういうことが言えるのでは？」と「推論（結論）」へとつなげていくのです。

　帰納法の特徴は、個人の視点や個性により、異なる「推論（結論）」が導き出されることもあるということです。上の例での「類似性の調査観察」は「営業成績の高い人は情報収集能力がすぐれている」でしたが、人によってはここから「異業種交流会に定期的に参加すれば営業成績アップにつながる」という「推論（結論）」にたどり着く人もいるということです。

ポイント

- 「帰納法」では、共通点を探して仮説を立てる。
- 「複数の事実・状況」を収集する。
- 観察力を働かせて「類似性の調査観察」をする。
- 想像力を働かせて「推論（結論）」を導き出す。

迷いや不安が生じたら
ロジカルシンキングが役立つ

　個人であってもプロジェクトであっても、仕事をしていると壁にぶつかることがあります。むしろ、壁にぶつからないことのほうが不健全かもしれません。「このままでいいのか」「この調子で進んで大丈夫か」「自分のせいで仕事がうまく回っていないのではないか」と迷い、不安になります。不安は不満になり、やがて不信につながり、「誰のせいでこうなったのか？」と犯人捜しになることもあります。これではいけません。

　迷ったときは「原点に戻る」ことが重要です。山道に迷ったときと同じように、元いた場所に引き返すのです。「そもそも何をしたかったのか？」「なぜこれをやっているのか？」と自問自答するのです。そしてそのときに役に立つのが「So What?（だからなに？）」「Why So ？（それはなぜ？）」という問いかけです。これを自分自身に何度も繰り返してみましょう。すると、徐々に「原点」に戻っていくことができるのです。

　たとえば、「二人目の子どもが生まれたのを機に地方で農業をしたいが、会社を辞めるのは収入面で心配だ」という迷いに対して、その不安の原因は何か、原点はどこなのかを問いかけます。

会社を辞めてまで農業をやるのは、まだ早いかもしれない。
→Why So ？（それはなぜ？）
いきなり農業で収入は望めないし、今後の収入面が不安定だし。
→Why So ？（それはなぜ？）
妻と二人の子どもを育てていくには収入がないと……。
→So What ？（だからなに？）
これまで、週末は貸農園で農作業をしてきたから、農業は本当に
楽しいし、自分に合っている。
→So What ？（だからなに？）
自然の中で子育てするのは長年の夢だったし、妻は賛成してくれ
ている。
→So What ？（だからなに？）
公的な移住者支援制度を利用すれば住む家や、農地も借りること
ができるし、地域の農家の方や農業普及員が農業技術を教えてく
れるそうなので、この際会社を辞めます。

　このように、2つの質問を何度も自分に投げかけて、論理的な
思考で「原点」に戻っていきます。「自分が望んでいるものは何
か？」を見失ってしまうから、人は不安になるのです。
　ロジカルシンキングで自問自答し「原点」に戻ることで、心身
とも満たされた状態「ウェルビーイング」を実現できるのです。

ポイント

- ロジカルシンキングを活用すれば、ウェルビーイング（心身ともに
  満たされた状態）な人生を実現できる。
- 迷いや不安が生じたら「原点」を思い出し、戻ってみる。
- 「Why So ？」「So What ？」で自問自答を重ねる。

ロジカルシンキングとは何か?

- □ 論理思考は3ステップで進める

- □ 論理的なだけでは人は動かない

- □「思考のクセ」が誰にもある

- □「一段深い答え」を探る

- □ 説得力は3つの問いで強化する

- □ 日常でもクリティカルに思考する

- □ 結論を3ステップで導く「演繹法」

- □ 前提を疑い、斬新な結論を導く

- □ 共通点から仮説をつくる「帰納法」

- □ 人生の迷いにも論理思考を使う

第 **3** 章

問題解決のための
思考と
フレームワーク

ビジネスシーンにはたくさんの問題がありますが、「フレーム
ワーク」という思考の枠組みを使うことで解決しやすくなるこ
とがあります。問題を見つけ、深掘りし、解決するまでに必要
な考え方をご紹介します。

解くべき「真の問題」の見つけ方

目の前の事象だけでなく
「問題の本質」を突きつめる

　私たちは日々の仕事や暮らしの中で、たくさんの問題を抱えています。それらを解決するためには、そもそも「問題解決」とは具体的にどういうことを指すのかを理解しておきましょう。

　多くの人は、目の前に現れた問題にその都度対応しようと考えがちです。しかし、本当の意味での問題解決とは、そこで起きている事象の表面だけを見ることではありません。

　なぜその問題が発生したのか、その問題を根本的に解消するにはどうすればよいのかという、問題の本質的な原因を追求し、取り除く必要があるのです。

　たとえば、ある企業の売上が下がったとします。表面的な問題は売上げの低下ですが、その背後には、競合他社との競争激化、顧客ニーズの変化、商品の魅力低下など、さまざまな要因が潜んでいるかもしれません。真の問題解決のためには、これらの要因を深く分析し、本質的な課題を明らかにする必要があるのです。

　そのような、真の問題解決に向かうための「基本プロセス」をご紹介します。次のプロセスにしたがって、問題の根っこにアプローチしてみましょう。

1.問題の範囲を明確にし、解決すべき領域を特定する

2.問題を細分化し、関連性を明らかにして体系的に整理する

3.問題の背景や現状を把握するためにデータや情報を集める

4.集めた情報を基に、問題の原因や解決策について推測する

5.立てた仮説が正しいかどうかを確かめるために検証する

6.検証結果を踏まえて、最も効果的な解決策を考案する

7.考案した解決策を実際に適用し、問題の解消を図る

　このプロセスを踏まえることで、的確な問題解決ができます。中でも特に重要なのは、問題の構造化と真の問題の特定です。構造化とは複雑な問題を分解して考えやすい問題にしていくことです。構造化することにより、問題解決する際の見落としや重複して分析してしまうことを避けることができます。

　また、問題解決には客観的な視点が不可欠です。当事者として問題に直面しているときは、感情に流されたり、先入観にとらわれたりして、問題の本質を見失いがちです。そんなときは一歩引いて、第三者の視点から問題を眺めてみることが有効です。問題解決の真の姿は、目の前の事象に右往左往するのではなく、冷静に問題の本質を見極め、最適な解決策を導き出すことにあるのです。

　問題解決スキルは、ビジネスパーソンにとって極めて重要な能力の1つです。日々の仕事の中で意識的にこのプロセスを実践し、問題解決力を磨いていくことが、個人や組織の成長につながっていくでしょう。

ポイント

- 問題の事象の表面だけを見ず本質を理解する。
- 問題解決の7つのプロセスを実践することで、真の問題を発見し、解決することができる。
- 問題の構造化と真の問題の特定が最も重要。

アインシュタインも大切にしていた「問い」の重要性

　ビジネスにおいて、「問うこと」は単なるスキルではありません。それは、成功への道を切り拓く、最も強力な武器の1つなのです。科学者のアルバート・アインシュタイン博士もまた、「問い」の重要性を深く理解していました。

　アインシュタイン博士は、「世界を救うための時間が1時間だけ与えられたとしたら、最初の55分を何が問題かを発見するために費やし、残りの5分でその問題を解決しようと試みるだろう」と語ったとされています。この言葉は、問題解決において、真の問題を特定することがいかに重要であるかを示唆しています。

　アインシュタイン博士は、光の速度よりも速く動ける物質は存在しないとする「特殊相対性理論」を導き出したことで有名です。この理論を導き出すにあたり、当時の常識的な前提にとらわれず、物理法則を根源から問い直しました。その結果、世界の常識を覆すような革新的な理論を生み出すことができたのです。

　ビジネスの世界でも、「問い」の重要性は広く認識されています。たとえば、「現代経営学」や「マネジメント」の発明者として知られているピーター・ドラッカーは、問題解決には「正しい問い」

を見つけることが最も重要だと述べています。一方で、間違った問いに対する正解を追い求めることは、かえって問題を複雑にしてしまうと指摘しています。

さらに、「問い」は自己成長のためにも不可欠なものだともいえるでしょう。哲学者のソクラテスは、「無知の知」という概念を提唱しました。これは、自分の無知を自覚し、常に問い続ける姿勢を持つことが、真の知恵につながるという考え方です。自分自身に問いを投げかけ、自己の価値観や行動を見直すことは、個人の成長には欠かせないプロセスなのです。

「問い」は単なる思考法ではなく、仕事や人生における羅針盤となるべきものです。問題解決に際しては、問題の本質を見極める「問い」を発することが重要です。イノベーションを生み出すためには、既存の概念を疑う「問い」を繰り返し、新しい発想を生み出す必要があります。そして、自己成長のためには、自分自身に「問い」を投げかけ、常に学び続ける姿勢が求められます。

アインシュタインをはじめとした多くの偉人が大切にしていた「問い」の重要性は、現代のビジネスパーソンにとっても普遍的な教訓といえるでしょう。

ポイント

- 真の問題を特定することに力を注いだアインシュタインは、常識を問い直し、革新的理論を生んだ。
- 誤った問いの正解探しは、かえって問題を複雑化させる。
- 自問自答で価値観や行動を見直すことで、自己成長につながる。

「そもそも」を問い直す

問題解決は「ゼロ発想」から スタートする

　問題解決は、既存の前提や固定観念にとらわれずに、問題の本質を見極めることが重要です。常に「そもそも」という視点を持ち、問題の根源に立ち返ることが、真の解決策を導き出すカギとなるのです。この思考法を「ゼロ発想」といいます。

　問題解決において、ゼロ発想は非常に重要な概念です。たとえば、ある企業が売上の低迷に悩んでいるとします。従来の解決策では、広告宣伝を強化したり、価格を見直したりすることが考えられるでしょう。しかし、ゼロ発想では、その商品やサービスがそもそも市場に必要とされているのかを問い直します。市場のニーズに合わなくなっているのであれば、商品やサービスの根本的な見直しや、新たな市場の開拓が必要かもしれません。ゼロ発想により、問題の本質を見極め、抜本的な解決策を見出すことができるのです。

　また、ゼロ発想は身近な問題の解決にも活用できます。たとえば、部屋の片付けに悩む人がいるとしましょう。一般的な解決策では、収納スペースを増やしたり、整理術を学んだりします。しかし、ゼロ発想で考えると、「物を減らす」というアプローチが

できるかもしれません。不要な物を処分し、購入を慎重に行うことで、所有物自体を減らせば、片付けの悩みは解消されるというわけです。このようにゼロ発想は、日常的な問題に対しても斬新な視点を与えてくれるのです。

　ゼロ発想を実践するには、問題の本質を見極め、先入観にとらわれずに情報を収集・分析します。そして既存の解決策にとらわれない仮説を立て、実行・検証し、問題解決に十分な効果が得られない場合は、再度ゼロ発想で問題を見直すことが大切です。

　問題解決では、既存の枠組みにとらわれない発想が重要です。常識や、当たり前だと思われていることにこそ、疑ってかかる必要があります。「そもそも、この問題は本当に解決すべきものではない」という可能性すらあるのです。問題の定義自体を見直すことからはじめなければ、真の解決策には辿り着けません。

　ゼロ発想を実践するには、問題に対する強い好奇心と、既成概念にとらわれない柔軟な思考が必要です。自分の認識の枠組みを一旦脇に置き、あらゆる可能性を検討する姿勢が求められます。

　また、ゼロ発想は、問題解決のスピードを上げる効果もあります。本質的な問題を見極められれば、無駄な試行錯誤を省略でき、真の解決策が見えてくるはずです。

ポイント

- 「解決すべきではない」問題に力を注いでいる場合がある。
- 常に「そもそも」という視点を持ち、問題の根源に立ち返る。
- 先入観にとらわれずに「常識」や「当たり前」を疑う。
- 強い好奇心と、既成概念にとらわれない柔軟な思考をもつ。

「空・雨・傘」の流れで
解決策を考える

　問いの重要性がわかっても、「どうやって仮説を立てたらいいのかわからない」と思う人も多いでしょう。そんなときは、「フレームワーク（思考の大枠）」を使って情報を整理してみましょう。

　問題解決において「空・雨・傘」と呼ばれるフレームワークは素早く仮説を立てるのに非常に有効です。このフレームワークは、現状の把握（空）、分析（雨）、解決策の導出（傘）という3つのステップで構成されたものです。

　なぜ「空・雨・傘」なのか、と感じる人も多いでしょう。具体的にご説明します。

　雲がかかっていたという事実（空）から、雨が降るかもしれないと解釈（雨）し、傘を持って外出するという解決策（傘）を選択したとします。予想通り昼過ぎから雨が降り、傘のおかげで濡れずに済みました。このように、まず「空」は現在の状況を表します。つまり、まずは問題が発生している事実や、現在の環境などを明確に認識することが重要です。次に「雨」は現状の解釈を表しています。ここでは、事実を踏まえて問題の原因や影響を詳細に分析することが求められます。最後に「傘」は解決策を表します。現状の把握と分析に基づいて、具体的な行動計画を導き出

すのです。

　たとえば、若年層が硬い食感の食べ物を好まなくなっているというデータがあるとしましょう（空：現状把握）。キャンディを主力製品とする製菓会社に勤めるあなたは、これから若年層の売上が伸び悩みそうだと予想します（雨：解釈）。そして、グミやソフトキャンディなど若年層のニーズに合わせた新製品の企画を立てることにしました（傘：解決策）。

　このフレームワークの優れている点は、事実、分析、解決策をセットで考えることで、問題解決のプロセスを体系化できることです。「空」だけ、あるいは「雨」だけでは不十分で、「傘」まで考えることではじめて問題解決につながるのです。

　「空・雨・傘」のフレームワークは、ビジネスだけでなく暮らしにおいても活用できます。たとえば、食料品の値上げのニュースを見たとき。「空」は食料品の値上げという事実、「雨」は家計の圧迫につながるかもしれないという解釈、「傘」は、食料品以外の支出を見直して家計の赤字を防ぐという解決策になります。

　このように、「空・雨・傘」のフレームワークを使いこなすことで、素早く仮説を立て、結果的に問題解決のスピードと質を高めることができるのです。事実に反応するだけでなく、それを解釈し、具体的な解決策につなげる。この一連のプロセスを意識的に習慣化することで、問題解決能力を高められることでしょう。

ポイント

- 「フレークワーク」を持っておくと、思考をはじめやすい。
- 「空・雨・傘」は問題解決のプロセスを体系化し、素早く仮説を立てるために有効。
- 素早く仮説を立てると問題解決のスピードと質が上がる。

解決策を導き出すには
信頼できる情報が必要

　情報には信頼できるものとそうでないものがあります。特にビジネスでの問題を解決する際には、信頼できる情報が不可欠ですので、その収集方法には注意が必要です。

　多くの人は安易にインターネット検索に頼り、得られた情報を鵜呑みにしがちです。たしかにインターネット上には膨大な情報が存在しますが、それらは誰もが入手可能な「二次情報」であり、情報としての価値は高くありません。二次情報とは新聞や雑誌、SNSなど、他者を介して伝えられた情報です。このような情報は情報提供者の主観や価値観が反映され、加工・編集されている情報なので、厳密には客観的事実と呼べません。情報が歪められている可能性すらあるのです。

　対して一次情報とは、自身が直接見たり、聞いたり、体験したりして得られた情報のことをいいます。問題解決に大いに役立つ可能性が高いのは、自ら現場に赴いて収集した一次情報なのです。

　たとえば、ある飲食チェーン店の売上が伸び悩んでいるという問題に直面したとします。その原因を探るためには、店舗に足を運び、お客様や店舗スタッフから直接話を聞くことが重要です。

お客様がその店を選ぶ理由や他の店と比べて劣る点など、現場の生の声に耳を傾けることで、問題の本質が見えてくるはずです。飲食チェーン店の事例では、現場でお客様に直接話を聞いたところ、多くの人が店内の雰囲気や店員の対応を評価する一方、料理については平凡という声が目立ちました。これらの意見を分析した結果、お客様が店舗を選ぶ際、料理よりも店舗の雰囲気を重視している可能性が浮上したのです。こうして、一連の情報収集と分析を経て「お客様は料理の味よりも店舗の雰囲気を重視しているのではないか」という仮説を立てられるかもしれません。

　また、競合他社の製品やサービスを実際に体験することも、新しい気づきを得るための有効な方法です。自社の商品やサービスだけを見ていては、業界の全体像は見えてきません。競合他社の優れた点や改善点を肌で感じることで、自社の強みや弱みがより鮮明になります。こうして収集した一次情報をもとに、自分なりの仮説を立てることが問題解決への第一歩となります。その仮説を検証するために、さらなる情報収集や分析を行うことで、効果的な解決策を導き出すことができるでしょう。

　問題解決に取り組む際は、安易にインターネットに頼るのではなく、自ら現場に赴き、五感を駆使して一次情報を収集することが何より大切です。そうして得られた生の情報をもとに、自分の頭で考え抜くことで解決策が生まれるのです。

ポイント

- 新聞やインターネットなどを通じて誰もが入手できる二次情報には、発信者の主観もまぎれている。
- 五感を使って直接収集する一次情報が、最も信頼性が高い。
- 現場の問題を解決するためのヒントは、現場にこそ落ちている。

「3人へのヒアリング」で 質の高い情報が手に入る

　ビジネスの問題解決のために情報を集めるとき、最も効果的なのは現場でのヒアリングです。理想的な対象は自社商品・サービスの利用者ですが、取引先や仕入れ先、外注先からの情報も有益なものであるといえるでしょう。

　ヒアリングの機会をつくるのが難しい場合は、現場や販売店を訪れて顧客の行動を観察したり、ごく自然な会話の中からヒントとなる情報を得たりすることもできます。

　しかし、やみくもに多くの人にヒアリングをすれば必要な情報が得られるわけではありません。「何人にヒアリングすべきか?」という疑問には、はっきりとした答えがあります。

　ユーザビリティ研究の第一人者、ヤコブ・ニールセン博士の分析によれば、わずか3人のユーザーを対象にテストを行うだけで、解決すべき問題の約70%を特定できるそうです。さらに5人を対象にすると約85%、15人までヒアリングを行えば100%の問題を発見できるといいます。つまり、3〜5人へ的確なヒアリングをすれば、十分に質の高い情報を効率的に収集でき、15人以上に対してヒアリングを行ったときと得られる情報に大きな違いはない

ということです。

　良質な情報の重要性を示す、インドの有名な寓話があります。この話では、目の不自由な6人がそれぞれ象の体の一部に触れ、その感触からそのものの特徴を言い合います。足に触れた者は「木の幹だ」、尾に触れた者は「これはロープだ」、鼻に触れた者は「ヘビに違いない」、耳に触れた者は「うちわのようだ」、腹に触れた者は「大きな壁だ」、牙に触れた者は「ヤリのようだ」と答えます。

　それぞれの主張は誤った部分的な情報であり、これらをつなぎ合わせても「象の全体像」を導き出すことはできないでしょう。このことから、やみくもに部分的な情報をかき集めるよりも、まずは全体像を大まかに捉えることができる良質な情報が必要であるということがわかるのです。

　問題解決においても同様です。ヒアリングにおいて最初の段階で集めるべきなのは、目の前の問題に直接対処するための断片的な情報ではなく、「全体像を捉える」ための情報なのです。全体像を理解することで問題の本質を見抜くことができ、的確な仮説を立てられるようになります。その仮説に基づいて具体的な解決策を練ることで、根本的な問題解決につなげられるのです。

ポイント

- 3人へのヒアリングで解決すべき問題の約70%を特定できる。
- 断片的な情報だけでは全体像を正しく理解できない。
- 最初に集めるべきなのは、問題の本質を見抜くことにつながる「全体像を捉える」情報。

見えている問題に飛びつかない

成果を上げる人ほど
顕在化していない問題に挑む

　ビジネスの世界で成果を上げる人は、目に見える問題だけでなく、顕在化していない問題にも積極的に取り組んでいます。

　問題解決の思考方法には、大きく分けて「リアクト型」と「プロアクティブ型」の2つがあります。リアクト型というのは、目に見える問題に対して反応し、原因を追求して解決策を打ち出すというものです。一方でプロアクティブ型は、自ら仮説を立てて顕在化していない問題に取り組むというものを指します。

　成果を上げる人は、常に「そもそもどうしたいのか？」「本来あるべき姿とは何か？」といった問いを自らに投げかけ、プロアクティブに問題解決に挑んでいるのです。

　たとえば、ある食品メーカーが新商品の売上不振に悩んでいるとします。リアクト型の思考では、「どうすれば売上を伸ばせるか？」という目に見える問題に焦点を当て、広告宣伝を強化したり、価格を見直したりといった場当たり的な解決策を考えがちです。しかし、プロアクティブ型の思考を持つ人は、「そもそも消費者は何を求めているのか？」「本来あるべき姿は、消費者にとって魅力的な商品を提供することではないか？」と自らに問いかけ

ます。そして、5W1Hを使って問題の背景や状況を深く掘り下げていくのです。

When（いつ）：いつ商品が購入されているのか？

Where（どこで）：どこで商品が購入されているのか？

Who（誰が）：誰が商品を購入しているのか？

What（何を）：消費者は商品の何を求めているのか？

Why（なぜ）：なぜ消費者は商品を選ぶのか？

How（どのように）：どうすれば消費者に選ばれるのか？

　このように、5W1Hを使って問題を深掘りしていくことで、顕在化していなかった問題が浮かび上がってきます。たとえば、「健康志向が高まっているにも関わらず、この商品にはその訴求点が欠けている」といった気づきがあるかもしれません。こうした問題に対して、「健康に配慮した商品設計にすれば、消費者に受け入れられるのではないか？」という仮説を立て、検証していくことで、本質的な問題解決につながるかもしれないのです。

　リアクト型の思考では表面的な解決策しか生まれません。しかしプロアクティブ型の思考と5W1Hの活用によって、顕在化していない本質的な問題を見つけ出すことができます。そして、その問題に対して仮説を立てて検証することで、本質的な解決策を導き出すことができるのです。

> **ポイント**
> - 問いの立て方には「リアクト型（目の前の問題に反応）」と「プロアクティブ型（自ら仮説を立てて問いをつくり出す）」がある。
> - リアクト型では表面的な問題解決にしかならない。
> - 5W1Hで、本質的な問題をプロアクティブに導き出す。

相関関係があっても
因果関係があるとは限らない

　問題解決に取り組む際、さまざまな事象の関係性を見極めることが重要です。その中で、「因果関係」と「相関関係」の違いを理解することは、問題の本質を見抜き、効果的な解決策を導き出すために不可欠です。

　「因果関係」とは、原因とその原因がもたらす結果の直接的な関係を指します。一方、「相関関係」とは、2つの事象に関連性はあるものの、直接の原因とは断定できない関係を指します。

　たとえば、あるコンビニエンスストアで、ホットドッグの販売数と風邪薬の販売数に正の相関関係が見られたとします。つまり、ホットドッグの販売数が増えているとき、風邪薬の販売数も増える傾向があるということです。2つの販売数に関連性は見られますが、この事実から「ホットドッグを食べると風邪をひく」ということを導き出せるわけではありません。実際には、気温の低下という共通の原因によって、風邪をひく人が増えたり、ホットドッグの需要が高まったりした可能性が高いでしょう。つまり、ホットドッグと風邪薬の販売数には相関関係はあるものの、因果関係はないといえそうです。

　このように、相関関係があるからといって、必ずしも因果関係があるとは限りません。ここを見誤ってしまうと、「風邪をひく人を減らすために、ホットドッグの販売を中止しよう」などといった、精度の低い解決策が導き出されてしまうことがあるのです。

　少し極端な例だったかもしれませんが、相関関係と因果関係を混同してしまったことによって、優れた解決策が導き出せなくなるという事例は、ビジネスの現場において枚挙にいとまがありません。

　因果関係があるのかどうかを見極めるときには「本当にそうなのか？」「そもそも何が原因なのか？」といった根本的な問いを自らに投げかけることが欠かせません。表面的な現象の数々に反応しているだけでは、真の原因にたどり着くことはできないのです。

　問題解決の過程では、「イシューの特定」が重要です。イシューとは、問題解決の鍵となる最も重要な論点や課題のことを指します。このイシューを正しく特定するときに大事なことこそが、因果関係の見極めなのです。イシューが正しく特定できていないと、問題解決の方向性がぶれてしまうことになります。

ポイント

- イシューを正しく特定できなければ問題解決の方向性を見誤る。
- イシューの特定には因果関係の見極めが重要。
- 相関関係と因果関係は似て非なるもの。
- 相関関係に惑わされることなく真の原因を導き出すことが重要。

因果関係の有無を確かめる

「だから何?」×「それはなぜ?」で解決策を探る

　問題解決においては、原因と結果の関係を明らかにすることが重要です。たとえば、あるレストランで「スタッフの数が少ない日は売り上げが低い」という現象があったとします。「スタッフの数が少ない」ことと「売り上げが低い」ことには因果関係があるのか、相関関係があるのか、またはどちらでもないのかを考えてみます。

①スタッフの数が少ないと、注文を取るのに時間がかかる
②スタッフの数が少ないと、料理の提供に時間がかかる
③スタッフの数が少ないと、テーブルの片付けが遅れる
④スタッフの数が少ないと、客の満足度が下がる

　この段階では「スタッフの数が少ない日は売り上げが低い」ことの明確な理由は見つかりません。そこで、これらの要素を「だから何?(So What?)」「それはなぜ?(Why So?)」を使って詳しく分析してみましょう。「だから何?」は、ある現象が起きた際、そのことによってどんな結果になったのかを問うものです。一方、「それはなぜ?」は、ある現象が起きた原因は何だっ

たのかを問います。このようにして原因と結果を明らかにしていくと、解決策が見えてきます。たとえば「スタッフの数が少ないと、注文を取るのに時間がかかる」という要素に「だから何？」と「それはなぜ？」という問いを投げかけましょう。

スタッフの数が少ないと、注文を取るのに時間がかかる→だから何？（So What？）→客の待ち時間が長くなる→それはなぜ？（Why So？）→スタッフ1人当たりの担当テーブル数が多いからかもしれない

　しかしこれでは「そう思っている」だけであって、因果関係があるとは言い切れません。これは「注文を取るのに時間がかかる」ことと「売り上げが低い」の間には相関関係があったとしても、因果関係があるとは断定できないということです。現実には、ほかの要因が売り上げ低下に影響をおよぼしている可能性も排除できません。

　「だから何？」「それはなぜ？」と問い続けていき、ある地点で思考が停滞してしまうということは、そこに問題解決の糸口となる課題や仮説が見出せていないことの表れです。この例でいえば、「スタッフ1人当たりの担当テーブル数が多いからかもしれない」のところで行き詰まっているといえるのです。

ポイント

- 原因と結果を突き詰めると解決策が見えてくる。
- 「だから何？（So What？）」「それはなぜ？（Why So？）」で原因と結果を分析する。
- 思考が行き詰まったら、そこには問題解決の糸口がない。

「なぜ」を5回繰り返すと
真の問題が見えてくる

　問題の本質を突き止めるには、どうしたらいいのでしょうか。そのために役立つのが、「なぜ」を繰り返し問うというフレームワークです。ある問題が出てきたら、「なぜ」を繰り返して深掘りし、問題の本質に迫ってみましょう。

　「売り上げが落ちている」という問題を抱えているアパレルメーカーを例にします。

売り上げが落ちている
→なぜ？→顧客が他社Bの製品に流れているから
→なぜ？→他社Bの製品のほうが安価だから
→なぜ？→他社Bは生産プロセスにおいてコスト削減ができているから
→なぜ？→生産ラインや物流の自動化に取り組んでいるから
**解決策：自動化によって無駄なコストを見直し、価格競争力を向
　　　　　上させる**

　「なぜ」を繰り返した結果、売り上げが落ちていることの原因を探り当て、その解決策を導き出すことができました。因果関係

を意識しながら思考を深めていくと、問題の本質が見えてきて、解決策を導き出すスピードが上がるのです。

　「なぜ」を5回繰り返すという手法は、トヨタ自動車で「なぜなぜ分析」として根付いていることで知られており、「5Why分析」とも呼ばれます。この手法は、問題やトラブルの再発を防止し、効果的な改善策を見出すために非常に有効です。

　5回繰り返すのは、多くの場合5回で問題の本質に到達できるからです。ただし、状況によっては5回では不十分な場合もあるので、問題の複雑性などに応じて「なぜ」の回数を調整してみましょう。

　前項の「だから何？」「それはなぜ？」のフレームワークは、問題の原因と結果の関係性を探るのに役立ちます。「なぜ」を5回繰り返す手法は、特定された原因をさらに掘り下げ、問題の根本原因を明らかにするのに有効です。つまり、「だから何？」「それはなぜ？」のフレームワークで問題の原因と結果の関係性を明らかにした後、「なぜ」を5回繰り返す手法を用いて、その原因をさらに深く掘り下げていくことで、問題の本質に迫っていくことができるというわけです。

　これらを組み合わせて使うことで、より本質的な問題解決につながるのです。

ポイント

- トヨタ自動車にも根付く「なぜ」を5回繰り返す手法で、問題の真の原因に迫る。
- 真の原因を解決すれば、問題の再発を防げる。
- 問題の複雑性に合わせて「なぜ？」の回数を調整する。

問題の要素を細分化する

大きな問題を細かい要因に
分解する「ロジックツリー」

　複雑な問題を解決するには、問題を細かい要因に分解し、体系的に分析することが有効です。そのためのフレームワークが「ロジックツリー」です。ロジックツリーでは、大きな問題を一番上に置いて、複数の小さな問題や要素に細分化させていきます。まるで大きな木の幹から枝が分かれていくように、問題を細分化していくことからツリーという名前がつきました。

　たとえば、新しいレストランをオープンさせるという計画があるとしましょう。ロジックツリーを使って、この問題を細分化していくと次のようになります。

　まず、大きな問題を「店舗」「メニュー」「マーケティング」といった主要な要素に分解します。次に、それぞれの要素をさらに細分化していきましょう。「店舗」であれば「立地」「内装」「駐車場」などに、「メニュー」であれば「料理の種類」「ドリンクの種類」「価格」などに分解できます。このように、ロジックツリーを使って問題を細分化していくことで、見落としがちな要素も明らかになるのです。レストランのオープンに際して、料理の味やサービスばかりに気を取られ、店のコンセプトや立地といった重要な要素を

見落としてしまっては、長期的な成功は望めないでしょう。

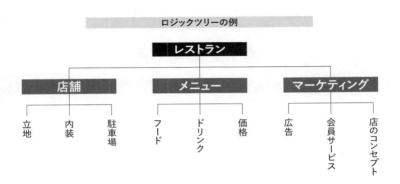

ロジックツリーの例

レストラン

店舗 ── 立地／内装／駐車場

メニュー ── フード／ドリンク／価格

マーケティング ── 広告／会員サービス／店のコンセプト

　さらに、要素間の関連性も見えてきます。メニューの質が高くても人材が不足していれば提供スピードが落ち、立地がよくてもサービスが悪ければ客足は遠のきます。こうした要因間の相互作用を捉えられるのも、ロジックツリーの大きな強みです。

　このように、ロジックツリーは問題解決のための強力なツールといえます。ロジックツリーを用いて大きな問題を細かい要因に分解し、体系的に俯瞰することで、見落としがちな要素を明らかにしていきましょう。

- ロジックツリーを使うと、大きな問題を細かい要因に分けて分析できる。
- 問題を細分化していくと見落としがちな要素も明らかになる。
- ロジックツリーを活用すると、要素間の関連性も見えてくる。

ロジックツリーで掘り下げると問題の全体像が見える

　ロジックツリーを用いて問題を深掘りしていくと、問題の全体像を明らかにすることができます。

　ある製造業の会社で、製品の品質不良が多発しているという問題が起きているとします。この問題をロジックツリーで分析してみましょう。まず、「品質不良の多発」という問題を、「原材料の問題」「製造工程の問題」「品質管理の問題」「作業員のスキルの問題」といった要素に分解します。次に、それぞれの要素をさらに細分化してみましょう。「製造工程の問題」であれば、「機械の故障」「手順書の不備」「工程間の連携不足」などに分解できます。

　このように問題を掘り下げていくと「品質不良の多発」という問題にはさまざまな要因があることがわかります。表面的には「作業員のミス」が原因だと思われていたかもしれません。しかし、実は「原材料の品質のばらつき」が根本的な問題だったということもあり得ます。ロジックツリーで問題を分解し、掘り下げていくことで問題の全体像が把握でき、真の問題点を浮かび上がらせることができるのです。そして、その問題点が解決可能かどうか

を検討し、さらにその問題点を掘り下げていくことで、問題を解きほぐしていくことができます。

　問題の全体像が明らかになってきたら、次のステップは課題を特定し、仮説を立てて検証することです。しかし、問題の全体像を把握すると、多くの課題が浮かんでくるかもしれません。そのようなときは、問題解決のために最も重要な課題（イシュー）を見極めなければなりません。

　先ほどの例でいえば、問題を構造化していくと、品質不良の多発を解決するための最も重要な課題は、「原材料の品質のばらつき」である可能性が見えてきました。なぜなら、原材料の品質が安定していなければ、どんなに製造工程や品質管理を改善しても、最終製品の品質は安定しないからです。つまり、原材料の品質管理こそが問題の根幹に近く、解決の効果が最も期待できる課題だといえるわけです。

　であれば、「原材料の品質ばらつきが根本原因」という仮説を立て、本当に「原材料の品質のばらつき」が問題の根源なのかを検証することが、問題解決への第一歩となります。

　つまり最も重要な課題とは「問題の根幹に迫り、解決することで最大の効果が期待できる課題」となるのです。

ポイント

- ロジックツリーで問題を俯瞰すると、全体像が明らかになる。
- 全体像が把握できると、真の問題点を見つけやすくなる。
- 多くの仮説が浮かんできたら、最も重要な課題（解決することで最大の効果が期待できる課題）を見極める。

「漏れ」や「ダブリ」があると
ロジックツリーの精度が下がる

　ロジックツリーを作成する際、「漏れ」や「ダブリ」があると、精度が下がってしまうため注意が重要です。たとえば、顧客を「新規顧客」と「既存顧客」で分解すれば漏れやダブリはありません。ところが、顧客を「インターネット利用者」と「スマートフォン利用者」に分解してしまうと、漏れやダブリが発生します。なぜなら、スマートフォン利用者はインターネット利用者に含まれるので、ダブっているといえます。また、インターネット利用者の中にはパソコンしか使わない人もいるため、インターネットとスマートフォンを同じ階層で分けてしまうと漏れが出るでしょう。

　別の例を考えてみましょう。あるソフトウェア開発プロジェクトで、バグが多発したとします。バグの原因を突き止めるために、開発工程を「要件定義」「設計」「実装」「テスト」に分解して分析しようとしました。しかし、要件定義から設計、設計から実装、実装からテストへの「受け渡し」の工程が抜けているため、これだけでは真の原因にたどり着けないかもしれません。そこで、受け渡しの工程も含めて調査した結果、設計書の不備により、実装時に解釈の食い違いが生じ、それがバグにつながっていたことが

わかりました。つまり、漏れていた受け渡しの工程でミスが発生していたわけです。

　このように、ロジックツリーで漏れやダブリがあると、解決策の効果が弱くなったり、やり直しになって時間のロスにつながったりします。そのため常に漏れやダブリがないかを考えるクセをつけることが大切です。

　ただし、「漏れなくダブリなく」を一番の目的にしてはいけません。一番の目的はあくまでも問題解決です。そのためには、ダブリよりも漏れがないことのほうが重要だといえます。漏れている部分に問題の原因が隠れていたとしたら、真の原因を発見することができなくなるからです。

　また、問題解決の際、思考がランダムに広がってしまうことがよくあります。たとえば、スマートフォンを購入するときをイメージしてみてください。スマートフォン選びでは「デザイン」「画面のサイズ」「価格」「バッテリー容量」など多くの検討項目がありますが、それらをランダムに挙げて検討していくと、重要なポイントを見落とす恐れがあります。このようなプライベートでの選択においても、ロジックツリーは効果を発揮してくれますし、ビジネスの問題解決の訓練にもなりますから、ぜひ活用してみましょう。

ポイント

- 漏れやダブリがあると、解決策の精度が低くなる。
- ダブリよりも漏れがないことのほうが重要。
- スマートフォンを買い替える際の検討項目の洗い出しなど、プライベートの意思決定にもロジックツリーは役に立つ。

「当たり前」を疑うことで
優れた解決策が生まれる

　人間は安心感を求める生き物ですので、慣れ親しんだ環境や習慣を好む傾向にあります。新しいことにチャレンジするには、未知の領域に踏み込むことになるため、失敗のリスクや不安が伴うのです。その結果、多くの人は無意識のうちに「当たり前」の枠組みの中で思考し、行動するようになります。

　しかし、この「当たり前」にとらわれ過ぎると、新しい発想や創造性が抑制されてしまうことがあります。既存の概念や常識に縛られていては、画期的なアイデアを生み出すことは難しくなるのです。「当たり前」の枠組みから抜け出すためには、意識的に自分の思考パターンを変える必要があります。常識にとらわれず、柔軟な発想を持つことが重要なのです。たとえば、「これまではこうだった」という先入観を捨て、「もしこうだったらどうなるだろう？」と新しい問いを考えてみる習慣をつけることで、既存の枠を抜け出せる可能性が高まります。

　「当たり前」を覆した１人に、日清食品の創業者である安藤百福氏が挙げられます。インスタントラーメンは今では当たり前の存在ですが、発売当初は「お湯を注ぐだけで麺が食べられる」と

いう概念自体が革新的でした。当時の常識では、麺は茹でて食べるものであり、それ以外の調理法を誰も想像していなかったのです。しかし安藤氏は、「茹でる」という常識に疑問を投げかけ、麺を油で「揚げる」ことによって、お湯を注ぐだけで調理ができるインスタントラーメンを開発しました。

　終戦後の飢餓に苦しむ人々の姿に心を痛めた安藤氏は、「食」の大切さを強く感じていました。さらに、大阪駅近くの闇市で目にした、1杯のラーメンを求めて行列をなす人々の姿が、安藤氏のインスタントラーメン開発を後押ししたのです。こうして生まれたインスタントラーメンは、当時の概念を覆す「魔法のラーメン」として大ヒットし、世界の食文化を変えていったのです。

　安藤氏の例からもわかるように「当たり前」に疑問を持ち、新たな視点で問題に取り組むことが、イノベーションを生み出すカギとなります。常識にとらわれず、柔軟な発想を持つことで、これまでにない画期的な解決策を見出すことができるでしょう。

　「当たり前」を信じて行動をしていれば、考えることが少なくて楽ではありますが、その先には新しい発見や成長は見込めないでしょう。「当たり前」だと信じ切っているものを疑うことによって、脳に刺激を与えることができ、新しい発想が生まれてくるのです。

ポイント

- 人間は無意識のうちに「当たり前」の中で思考している。
- 「当たり前」にとらわれていると、成長や新発見は見込めない。
- 日清食品のインスタントラーメンのように、多くの発明は「当たり前」を疑うところから生まれた。

視座の高さを変えながら
複数の問いを立ててみる

　物事を正しく判断し、よりよい意思決定や問題解決を行うためには、視座の高さを変えながら複数の問いを立ててみましょう。

　視座とは、物事を捉えるときの立ち位置のことを指します。自分の立場だけでなく、さまざまな立場の目線から問いを立てることで、問題の本質に迫ることができるのです。

　たとえば、ある企業が新商品の開発を検討している場面を考えてみましょう。営業部門の社員から「この商品は市場のニーズに合っていない」という意見が出ました。

　まず、営業部門の視座で考えてみます。「この商品は売れない」という意見は、日々顧客と接している営業社員ならではの視点です。現場の意見として真摯に受け止め、商品の改善点を探る必要があります。「現場が『売れない』と判断する商品なら、開発しても仕方がない」という考えにいたるかもしれません。しかし、ここで思考を止めてしまっては、新商品開発の可能性を見逃してしまう恐れがあります。

　そこで、経営者の高い視座から問いを立ててみます。「なぜこの社員はそのように言っているのだろう？」「どのような理由か

らその発言をしているのだろう？」と考えていくと、「既存の商品と競合してしまい、自分の売上が下がるのを懸念している」という本音が見えてくるかもしれません。

　このように、高い視座で問いを立てることによって、問題の全体を広く俯瞰できるようになっていきます。営業社員の意見を尊重しつつ、さらに経営的な視点から状況を見渡す。こうした多角的なアプローチにより、新商品開発の方向性を見出すことができるのです。

　視座を変えることは、自分の主観に縛られない客観的な判断力を養うことにもつながります。自分の立場を有利にするための意見を、まるで客観的事実であるかのように主張する人もいますが、高い視座を持つことで、それが主観的な意見であることを見抜くことができるでしょう。

　視座を変える訓練は、日常的に実践することで身につけられます。たとえば、顧客の立場に立って「この商品やサービスにどんな価値を感じるだろう？」と考えてみる。あるいは、競合他社の立場から「うちの商品の強みや弱みはどこにあるだろう？」と問いを立ててみる。こうした習慣を積み重ねることで、多様な視座から問いを立てる力が養われていくのです。

ポイント
- 視座を変えると問題の見え方が変わる。
- 視座を変えると、主観に縛られない客観的な判断力を養える。
- 経営者、顧客、競合他社など、さまざまな視座から問いを立てると、新しい解決策が生まれる。

優れた問いは1行に収まるほど簡潔なもの

　優れた問いは、シンプルで本質を突いたものです。長々と説明するのではなく、1行で表現できるくらい簡潔であることが理想的だといえるでしょう。なぜなら、簡潔な問いほどスムーズに頭に入り、脳が自然と問いに答えようと働きはじめるからです。

　たとえば、新商品アイデアの会議で、ターゲット層の条件を長々と説明すると、参加者がそれらの条件に固執し、本来の目的から脱線してしまう可能性があります。その結果、本来の目的である新商品のアイデア出しから脱線してしまい、議論がわかりにくくなってしまうでしょう。このような場合には「この商品のターゲットは誰か？」「どんな価値を提供できるか？」といったシンプルな問いを投げかけることで、参加者は自分の考えを明確にし、アイデアが出しやすくなるのです。シンプルで本質を捉えた問いを立てる習慣を身につけることが、効果的な解決策や意思決定につながるのです。

　ただし、単に問いを短くすればいいわけではありません。優れた問いを立てるコツは、「誰が」「何を」「どうやって」「いつ」といった具体的な要素を盛り込むことです。抽象的な問いではなく、

具体的で的を射た問いを心がけましょう。たとえば、「売上を伸ばすにはどうすればいいか?」という漠然とした問いよりも、「20代の女性客の満足度を上げるには、店舗のどこを改善すべきか?」といった具体的な問いのほうが、実行可能なアイデアが出やすくなります。

　このように、1行に収まるほどの具体的かつシンプルな問いが「優れた問い」といえるのです。こうした優れた問いは、自分自身への問いかけにも役立ちます。たとえば、「今月の目標達成のために、最優先で取り組むべきタスクは何か?」「新規顧客獲得のために、どんな戦略を立てるべきか?」など、具体的でシンプルな問いを立てることが大切です。このような自問を重ねることで、自分の思考が明確になり、適切な行動につなげられるでしょう。

　ただし、いきなり完璧な問いを立てようとする必要はありません。大切なのは、問いを立てること自体を習慣化することです。最初は荒削りでも構いません。問いを繰り返していくうちに、徐々に洗練されていくでしょう。スポーツでいえば、反復練習によって動きを体で覚えられるようになるのと同じように、「問いを立てて検証する」ことを繰り返せば脳に自然としみついていくものなのです。テレビのニュースや、誰かとの会話の中にある身近なトピックを使って、問いを立てるクセをつけていきましょう。

■ ポイント

- 1行に収まるほど簡潔な問いは、スムーズに頭に入り、脳が自然に答えはじめる。
- 優れた問いは、シンプルでかつ具体的。
- 身近なトピックを使いながら、問いを習慣化する。

未来へ向かう
ポジティブな問いを立てる

　問いを立てる際は、ネガティブな視点ではなく、ポジティブな視点を持つことが重要です。過去の失敗や問題点にとらわれるのではなく、未来に向けてどうすればいいかを考えましょう。ポジティブな問いは、私たちの思考を前向きな方向へと導き、創造的な解決策を生み出す原動力となります。

　たとえば、プロジェクトが失敗した場合、「なぜ失敗してしまったのか……」と自問するのではなく、「次はどうすればうまくいくか？」「この失敗から何を学べるか？」といったポジティブな問いを立ててみましょう。失敗の原因を追究することも大切ですが、それ以上に重要なのは、失敗から教訓を得て、次のステップに活かすことです。「予算が不足していたから、次回はより詳細な見積もりを立てよう」「コミュニケーション不足が問題だったから、定期的な進捗共有の場を設けよう」といった具体的なアクションプランを考えることで、失敗に固執するのではなく、前を向いて解決策を見出すことができます。

　また、困難な状況に直面したときも、「なぜこんなことが起きるのか？」と嘆くのではなく、「この状況から何を学べるか？」「どうすればチャンスに変えられるか？」と自問してみてください。

たとえば、営業成績が振るわない時期があったとします。「なぜ売上が伸びないのだろう……」とネガティブに考えるのではなく、「この状況を打開するには、どんな新しいアプローチが必要か？」「ほかの優秀な営業担当者から学べることは何か？」といったポジティブな問いを立ててみてください。困難な状況ほど、発想の転換が求められます。ピンチをチャンスに変えられるような思考の工夫を凝らすことで、逆境を乗り越え、成長につなげることができるのです。

「今の自分に足りないものは何か？」よりも「今の自分にできることは何か？」と問いかける。「どうしたら理想の自分に近づけるか？」と未来の可能性に目を向ける。常にポジティブな視点を持ち、未来に向けて建設的な問いを投げかけていきましょう。

ただし、ポジティブ思考が現実逃避になってはいけません。目の前の問題から目を背けるのではなく、困難な状況をしっかりと受け止めた上で、未来への希望を持つことが大切です。「この問題にどう対処すべきか？」といったリアリスティックな問いも忘れずに立てましょう。そうすることで、仕事も人生も、より豊かで実りあるものになるでしょう。ポジティブな問いを通じて、自分自身の可能性を信じながら、問題を常に前向きに捉える姿勢が大切です。

ポイント

- 過去を悔やむようなネガティブな問いではなく、新しいアクションにつながるポジティブな問いを大切にする。
- ポジティブな問いとは未来の可能性に目を向けるということ。
- ポジティブ思考が現実逃避になってはいけない。

問題解決の進め方

□ 目の前の問題に飛びつかない

□ ゼロ発想で問題を解決する

□ 解決策は「空・雨・傘」で導き出す

□ 相関関係と因果関係を区別する

□「なぜ」を5回繰り返す

□ ロジックツリーで問題を深掘る

□「当たり前」を疑う発想を持つ

□ 多様な視座で問題を眺める

□ 問いはシンプルかつ具体的に

□ 前向きな問いを立てる

第 4 章

コンサルの現場で
使われる
マーケティング戦略

商品やサービスをうまく顧客に届けるためには、どんな工夫が
必要なのでしょうか？ そんな課題を抱えるたくさんの企業を
救ってきた、数多のマーケティング戦略を見ていきましょう。

自社を取り巻く環境を俯瞰する「3C分析」

　マーケティング戦略を練るときには、自社を取り巻く環境を全体的に把握し、やるべきことを見つける作業が大切です。これにより作業の漏れやダブリを防ぐことができるなど、仕事を効率化させたり、バリューの質を高めたりすることができるのです。

　ここでは、マーケティングの基本となる「3C分析」というフレームワークについて解説します。

　3Cとは「顧客（Customer）」「競合（Competitor）」「自社（Company）」の頭文字を取ったもので、自社がどのような経営環境に置かれているかを俯瞰的に分析することで、経営課題を発見し、その解決策や改善案を見出していこうという手法です。

　マーケティング戦略を立てる際には、市場に関する膨大な情報をやみくもに集めてしまい、結果として不要な情報ばかりになったり、本来必要な情報が抜け落ちてしまっていたりと、非効率な方法を取ってしまいがちですが、この3Cのフレームワークを使うことによって必要な情報を整理することができ、作業の明確化・効率化が図れるのです。

　それでは、3つのC（顧客・競合・自社）について具体的に見ていきましょう。「顧客」のフレームでは、顧客の属性やニーズなどを分析します。また、マーケットの規模や成長推移など、広く市場全体を見渡すのにも使うことができます。「競合」では、ライバル企業の強みや弱み、動向や戦略、売上データなどを分析します。「自社」では、自社の売上シェアや成長率、ブランドイメージ、利益率やコスト、強みや弱みなどを挙げていきます。

　この3つについて分析することで、自社がマーケットの中でどのような状況に置かれているのかを見極められるので、揃えるべきデータや分析すべき内容が明確になります。そのため必要最低限の作業を効率的に進められ、作業スピードもアップし、漏れも防ぐことができるので、仕事の質もスピードも向上するというわけです。

　また、3Cの中でも「顧客」「競合」については、自分たちでコントロールしにくい「外的要因」に分類でき、「自社」のことは自分たちでコントロールできる「内的要因」であるといえるでしょう。コントロール可能であるということは、それだけ考慮すべき範囲が広いと言い換えることもできます。自社内だけでなく、取引先や下請けの企業の情報などにも分析の対象を広げていく必要があるということです。

ポイント

- 3つのC「顧客（Customer）」「競合（Competitor）」「自社（Company）」を分析し、自社が置かれている環境を理解する。
- 3Cによって、集める情報の過不足を減らせる。
- 「自社」のフレームでは、取引先などにまで分析の対象を広げる。

3C分析で市場や競合の変化をキャッチする

　技術の進歩によってたくさんの情報が行き交うようになり、市場や顧客を取り巻く環境の変化がどんどん激しくなっています。このような変化の速い時代においても、3C分析のフレームワークを活用すれば、必要な情報を見落とすことなく収集でき、市場や競合の変化を察知することができます。

　「顧客」「競合」「自社」の３つのCに分けて情報収集することが3C分析のポイントですが、これを怠ってしまうと自社の都合ばかりが優先されてしまい、自分勝手な分析や判断に陥ってしまうことがあるのです。

　自社の分析ばかりで市場や競合のことがちゃんと見えていないと、「すでに同じような商品があることを見逃してしまった」「そもそもニーズがどこにも存在しなかった」「すでに時代遅れだった」などという失敗も起こり得ます。

　たとえば、CDでの音源販売。いまだにレコードショップは存在しますが、スマートフォンの登場により、今では「Apple Music」などの音楽ストリーミングサービスが主流となり、CD販売の市場は縮小の一途をたどっています。

　このように、新しい製品やサービスの登場によって外部環境が一気に変化することもあるため、3C分析で市場や競合の動向を漏れなくリサーチすることが重要なのです。

　今度は3C分析で「登山雑誌」の市場を見直してみましょう。

　まずは顧客の分析をしていきます。登山というレジャーは自然の中で人とも接触せずに楽しめることから、2020年からのコロナ禍をきっかけに登山人口は増加傾向にありました。

　それに伴って登山雑誌の売れ行きが伸びたかといえばそうでもなく、横ばいが続く状況。とはいえ雑誌市場全体を見てみると、昨今の「雑誌離れ」によって売れ行きが全体的に落ち込む中、登山雑誌は比較的安定しているといえるのかもしれません。

　次に競合についてですが、ここ5年で登山系のウェブメディアが増加し、インターネットでの情報収集が主流になってきました。これに伴い雑誌社もウェブメディアを並行して運営したり、スマートフォンで閲覧可能な電子雑誌を取り入れたりなど、雑誌市場が縮小しつつある中、新たな市場へと移り変わろうとする傾向にあるという、市場の変化に注目することができます。

　3C分析によって、市場全体の動向や変化をキャッチすることができ、自社の立ち位置や戦略が練りやすくなるのです。

> **ポイント**
> - 自社のことばかりを見ていると顧客や市場が見えなくなる。
> - スマートフォンの登場がCD市場を縮小させたように、１つの製品やサービスが、市場全体を劇的に変えることがある。
> - 変化の速い時代こそ、3C分析が武器になる。

自社のプラス面とマイナス面を あぶり出す「SWOT分析」

　マーケティング戦略を立てていく上では、自社のことをしっかりと把握しておくことが欠かせません。そのときには「SWOT分析」を活用するのが有効です。

　SWOT分析とは、自社にとっての内部環境と外部環境について、それぞれのプラス要因、マイナス要因をあぶり出すことで自社が置かれた環境を把握する手法です。

　内部環境の「強み（Strength）」「弱み（Weakness）」、外部環境の「機会（Opportunity）」「脅威（Threat）」、それぞれの頭文字をとってSWOT分析と呼ばれています。内部環境に該当するものは自社の経営資源やブランド、商品、価格、品質など。外部環境には市場や業界、制度、法律、経済、社会の動向や競合など

SWOT分析

	プラス要因	マイナス要因
内部環境	強み **S**（Strength）	弱み **W**（Weakness）
外部環境	機会 **O**（Opportunity）	脅威 **T**（Threat）

が該当します。このフレームワークを活用すると、自社に隠れていた思わぬ強みや弱点が明らかになるでしょう。

　では、「登山雑誌の市場と自社の現状」を例にSWOT分析をしてみましょう。まずは外部環境の「脅威」について。登山に限らず雑誌市場全体にいえることですが、インターネットやSNSなどの普及により、簡単に手に入る情報が増えたことで雑誌を手に取ってもらう機会が減り、市場全体が縮小傾向にあるのが現状です。最小限のものだけで暮らす「ミニマリストブーム」なども、紙媒体が忌避される一因なのかもしれません。

　次に外部環境の「機会」に焦点を当ててみましょう。登山業界でいえば、コロナ禍による密集回避の影響をきっかけに、登山人口は年々増えています。また、オシャレなファッションで登山を楽しむ、若い登山系インフルエンサーに影響を受けて20～30代の若い世代の登山者が増えはじめています。

　続いて内部環境について見ていきましょう。自社の「強み」としては、出版社でありながらIT企業と提携したことで、雑誌媒体を出版しながらもウェブメディアを強化できていることです。一方で「弱み」としては、登山者人口が増えているものの、雑誌購入者の大半は従来の年配者層が占めているため、なかなか読者の若返りに繋がらず見込み客が減少しているということです。

ポイント

- SWOT分析で、自社を取り巻くさまざまな要素を探る。
- 自社が持つ意外な強みや弱点があぶり出せる。
- 外部の脅威は、市場のルールや序列が一気に変わる可能性もあるため、ときにビジネスチャンスになりうる。

SWOT分析の補助ツール①

自社の置かれた環境を4つの視点で捉える「PEST分析」

　SWOT分析の際に外部環境を分析しようとするとき、自社を取り巻くマクロ環境を「PEST分析」によって調べていくことで、より精度が上がっていきます。

　「PEST分析」とは、「政治的要因（Politics）」「経済的要因（Economy）」「社会的要因（Society）」「技術的要因（Technology）」の4つの頭文字を取ったもので、それぞれの切り口から外部環境を分析します。ただ漠然と脅威や機会を考えようとするよりも「政治的な観点からみたらどうだろう？」「経済的な要因としてはどんなものがあるのか？」などと、考察していく切り口を具体化することで、明確な脅威や機会を導き出しやすくなるのです。

　では、PEST分析について、1つずつ見ていきましょう。
　まず政治的要因ですが、法改正や政権の交代など、政策レベルの要因が該当します。消費税の引き上げや電力の完全自由化、郵政民営化などといった要素は、ときに市場競争のルールをも変えてしまうため、マーケットに大きな影響をもたらすことがあります。先に例として挙げた登山雑誌の市場であれば、著作権に関す

る法律や国立公園法が改正された場合などに、少なからぬ影響を
受けることが考えられます。

　経済的要因は、景気や物価の動向、株価の変動、GNP成長率
などを指します。商品のコストや価格、売上に直結する項目なの
で、よりシビアに捉えたほうがいいでしょう。登山雑誌の市場に
おいていえば、物価高騰に伴う原価の上昇などが該当します。

　社会的要因は、人々のライフスタイルの変化や人口の変動など
を指します。登山雑誌市場においては、コロナ禍以降のライフス
タイルの変化が後押しとなって登山ブームが到来したことを先述
しました。こうした社会の変化、ひいては人々の生活の変化がきっ
かけとなって登山雑誌の売れ行きが伸びるということは、社会的
要因に含まれます。

　技術的要因は、商品開発や生産技術の改良、IT化やグローバ
ル化、AIやロボットの普及などについての要因です。登山雑誌
の市場では、インターネットの普及によって雑誌の需要が落ち込
んだことや、SNSの普及によって登山系インスタグラマーやユー
チューバーが台頭したことなどが挙げられます。

　このように、自社の外部環境を細かく分けて分析していくこと
で、より問題が具体的になり、精度の高い分析結果を導き出しや
すくなるのです。

ポイント

- 自社を取り巻く外部環境を「PEST分析」で掘り下げる。
- 「政治（Politics）」「経済（Economy）」「社会（Society）」「技術（Technology）」の４つの要因から分析する。
- 切り口を細分化することで具体的な答えを導きやすくなる。

外部にある5つの脅威を探る「5Force分析」

　経営戦略を立てる際、外部環境の競争要因を探るための手法として「5Force分析」も有効です。これは、市場の中の５つの競争要因（5Force）について探るためのフレームワークです。

　５つの競争要因とは、「１．新規参入者の脅威」「２．売り手（サプライヤー）の交渉力」「３．買い手（顧客）の交渉力」「４．代替え商品・サービスの脅威」「５．既存企業との競争」です。

　これら５つの脅威を探っていくことで、競合に対して的確な経営戦略を描くことができるということです。

　５つの競争要因について、コーヒーショップ業界を例に具体的に解説していきましょう。ここ数年で国内のシェアを拡大し続けている「スターバックスコーヒージャパン」について、5Forceで分析します。

　まず「既存企業との競争」ですが、「ドトールコーヒー」や「タリーズコーヒー」「上島珈琲店」などが競争相手に該当するでしょう。その中でもスターバックスコーヒーは圧倒的な売り上げシェアを占めており、競争相手に対して優位であることがわかります。

　次に「売り手の交渉力」ですが、売り手とは、自社に材料やサー

ビスを提供している企業のことを指します。売り手が寡占企業の場合、仕入れコストが高くなる可能性があり、競争要因の1つとなります。スターバックスの場合、売り手はコーヒー豆の仕入れ業者になりますが、国内に多数の店舗を持つため豆を大量に仕入れていたり、供給先を多数確保していたりするため、供給業者に対する価格交渉力も高いといえます。

　さらに「買い手の交渉力」ですが、買い手側が巨大企業や寡占企業だった場合には自社に対しての値下げ圧力が強くなり、利益率圧迫につながることから競争要因となりますが、スターバックスの場合はコーヒーを購入する一般消費者が買い手に該当します。消費者側は購入先をいつでもほかのコーヒーショップに変えられるので、スターバックスはいかに消費者を逃がさない工夫をし、他店舗との差別化を図れるかが勝負だといえるでしょう。

　「新規参入者の脅威」は、近年国内に進出してきた「ブルーボトルコーヒー」など、新しく市場に入ってくるコーヒーチェーンが挙げられますが、まだ脅威にまではいたっていないでしょう。

　「代替商品・サービス」は、「コメダ珈琲」や「サンマルクカフェ」など、ドリンクはもとより軽食のメニューも充実したコーヒーショップが挙げられます。さらには、よりリーズナブルな価格帯で提供されるコンビニエンスストアのコーヒーも脅威になりえるでしょう。

ポイント

- 外部の競争要因を明確に分析できていないと、優れた経営戦略は描けない。
- 競争相手の存在を「5Force分析」で的確に把握する。
- 3Cの各要素を、複数のフレームワークを使って深掘りする。

マーケティングの4P
その①Product（製品）

　マーケティング戦略における伝統的なフレームワークとして「4P（マーケティング・ミックス）」というものがあります。

　マーケティングの4Pとは、「製品（Product）」「価格（Price）」「流通（Place）」「販売促進（Promotion）」の頭文字を取ったものです。製品がどんなものか、誰のためのものなのか、そしてそれに応じた価格を設定し、特定の顧客に向けてどこで流通させるのか、どこに向けてどのようにプロモーションをかけるのか、などを決めるために活用するフレームワークです。

　まずは最初のPである「製品（Product）」について解説していきましょう。

　自社の製品・サービスは「何なのか」「どのように機能するのか」「誰のためにあるのか」「どのような利点があるのか」などを明確にすることからはじめます。そして、競合他社のプロダクトを理解した上で、いかに差別化できるかがポイントとなります。

　マーケティングにおいての差別化とは、他社のプロダクトよりも魅力的だと思ってもらえるような独自性を持たせることです。それはプロダクトの機能性、品質の高さやデザイン性、価格、購

入方法、購入後のアフターフォローなど、とりわけ魅力的な特徴を明確に打ち出すことです。他社製品との違いが消費者に伝わることこそ、売上につながる第一歩なのです。さらには、それが顧客のニーズに応えられているかということが何よりも重要です。

　たとえば、今まで国内生産と品質の高さを謳っていたファッションブランドがあったとします。しかし、より若年層の新規顧客を獲得するためのブランド戦略として、アジアでの生産にシフトし、品質に目をつぶる代わりに価格を下げたプロダクトを販売したとします。新たな顧客に向けてしっかり戦略が練られた上で効果的なプロモーションができれば成功するかもしれませんが、既存の顧客にとっては品質が下がったプロダクトは、いくら安く手に入ったとしても魅力的には映らないでしょう。これにより、新規顧客は得られても、既存の顧客は競合他社に奪われてしまう可能性があります。

　つまり、ポイントは競合と顧客だといえるでしょう。顧客のニーズに応えられた上で、競合他社の製品といかに差別化できるかが重要なのです。

　ここでも3C分析のフレームワークが有効ですが、「自社の立ち位置を明らかにする」ためだけに使うのではなく、顧客や競合の分析も含めた上で、全体をバランスよく俯瞰してみることで見当違いな戦略を避けることができるでしょう。

ポイント

- マーケティングでは、「製品」「価格」「流通」「販売促進」の分析が役に立つ。
- プロダクトは「ニーズに応える」＋「競合との差別化」がカギ。
- 3C分析での俯瞰もセットで行う。

マーケティングの4P
その②Price（価格）

　この項目では、マーケティングの４Pのうちの２つ目「価格（Price）」について解説します。

　「価格（Price）」は読んでそのまま、製品やサービスの価格を決めることです。価格設定がうまくいけば、その商品は順調に売り上げを伸ばすでしょうし、逆に価格設定に失敗すると、大ヒットが見込まれていた製品であっても、あっという間に世の中から消えてしまうということもあり得ます。価格設定はそれだけ、製品の売れ行きを左右する重要な要素なのです。

　価格設定において重要な２つの軸があります。「価格戦略」と「価格戦術」です。価格戦略は予想売上高やコスト、競合の価格などを考慮した上で価格の大枠、つまり定価を決めるものです。一方で価格戦術は、販売の現場で市場の反応などを見ながら値引きやキャンペーン価格の導入などを検討するものです。

　価格設定の際にポイントとなるのが「需要」「コスト」「競合」の３つです。これは3C分析の「競合」はそのままで、「顧客」を「需要」に、「自社」を「コスト」に置き換えることで3C分析のフレームワークを応用することができます。

　価格設定は、５つのプロセスで行うことができます。ステップ

1では「価格設定の目的・方針」を決めます。目的とは、市場シェアを取りたいのか、利益を取りたいのかという意味で、シェアを確保したければ比較的低価格帯に設定し、多くの購入者の獲得を図ります。利益を取りたいのであれば比較的高価格帯に設定し、一部の消費者に支持されることを目指すという方針になります。

　ステップ2では「需要を判断」します。一般的には需要が小さいと予想されれば価格を高く設定し、需要が大きいと予想されれば価格を低く設定します。専門性の高い製品ほど価格が高いのは、需要自体が小さい（狭い）からだといえるでしょう。

　ステップ3では「コストを考慮」します。低価格戦略を取る場合であっても、コストを下回る価格を想定してしまうと赤字になりますので、コストの合計が価格の下限になるということを念頭におきましょう。

　ステップ4では「競合他社のコストや価格を分析」しましょう。同等の製品を競合他社が自社より安く販売していたり、自社よりも優れた製品を同じ価格で販売していた場合には、顧客が競合製品に流れてしまうため価格設定の変更が必要になります。

　ステップ5では「価格設定の基準」を決めます。「需要」「コスト」「競合」の要素のうち、どれに注力するのかを決定するということです。以上の5つのプロセスを踏んで、最後に適切な価格を設定しましょう。

ポイント
- 価格が商品の売れ行きを左右するケースは多々ある。
- 価格設定には、定価を決定する「価格戦略」と、販売の現場で行う値引きなどの「価格戦術」の2つがある。
- 価格設定は5つのプロセスで行う。

マーケティングの4P
その③Place（流通）

　次は、3つ目のP「流通（Place）」について見ていきましょう。「流通（Place）」とは、流通網、つまり「どこでどう売るか」のことを指します。製品やサービスを販売するための卸と小売のルートであり、製品開発や広告宣伝、価格設定などマーケティング戦略全般に関わってくる重要事項であるといえるでしょう。

　チャネル（流通網）選びによって成功も失敗も起こり得ます。いい選択ができれば、卸売、販売業者、小売、消費者などと良好なネットワークを構築することも可能であり、単に売上や利益を出すためだけの手段ではなく、価値を探求し、創造し、伝達し、提供する手段にもなりえるのです。

　反対に、チャネル選びに失敗してしまうと思ったように売上が上がらなかったり、複数のチャネル同士で顧客の奪い合いが起きたりすることなども考えられます。

　販売チャネルとして一般的にイメージしやすいのはスーパーやデパート、専門店、セレクトショップ、量販店などでしょう。

　では、販売チャネルはどのように選択すれば失敗が起こらないのでしょうか。販売チャネルを設計する際の手段が3つあるので

紹介していきましょう。

　まず1つ目は「多数のチャネルを持つ」という方法です。販売商品が食料品や日用雑貨、家電製品などにあたる場合は、できるだけ多くの小売店に置いてもらうことが得策でしょう。あらゆる店舗で多種多様な消費者の目に触れることで購入率が上がり、売上を伸ばせると考えられます。多数の卸と小売りのルートを活用し、チャネルの多様化を図る方法です。

　2つ目は、逆に「1つのチャネルを絞り込む」という方法。卸や小売りなどに独占販売権を与える代わりに、競合他社の製品は扱わないよう契約を結び、排他的なシステムを築きます。こうすることで小売りと一体になってプロモーション活動を行うことが可能となり、チャネルも管理しやすくなるという利点があります。

　3つ目は「少数のチャネルを持つ」という方法です。1つ目と2つ目の間を取ったような手段で、地域を限定するなどして、販売経路をなるべく少なくします。これにより、より消費者の需要に適したチャネルでの集中販売が可能になるため、より効率的なマーケティングが可能になるでしょう。

　また、昨今は卸や小売りを介さずにメーカーが消費者に直接販売する方法も増えてきています。「ダイレクトマーケティング」などと呼ばれる販売形態で、インターネットの普及によって独自の通信販売チャネルを簡単に持つことができるようになったのです。

■ ポイント

- 製品やサービスをどこでどう売るか、つまり販売チャネルの選択は、マーケティング戦略における重要事項。
- どのチャネルを選ぶかによって、成功も失敗も起こりえる。
- チャネル選びには大きく3つの方法がある。

マーケティングの4P
その④Promotion（販促）

　最後のP「販売促進（Promotion)」について解説しましょう。プロモーションはマーケティングの４Pの中核的な要素で、製品やサービスを消費者に宣伝し、興味をもってもらうことで購入へとつなげるための活動すべてを指します。

　プロモーションを構成する要素は４つあり、「１.広告・宣伝」「２.パブリシティ（PR)」「３.人的販売」「４.セールスプロモーション（販売促進)」から成り立っています。では、それぞれの要素について見ていきましょう。

　まず、１つ目の「広告・宣伝」です。これはテレビやラジオ、新聞、雑誌、インターネット、屋外広告などの有料媒体を使った宣伝方法。企業名やブランド名、製品名などを広く告知できます。有料媒体のため、自身でどの媒体を活用するかを選択でき、媒体によって対象の消費者が異なってくるため戦略的なプロモーションが可能です。

　２つ目の「パブリシティ（PR)」は、メディアに無料で紹介されることを指します。企業がプレスリリースを発信したり、新製品発表イベントを行ったりなど、積極的な告知を行うことでメディ

アからの注目を集め、テレビやラジオ、雑誌、ニュースサイトなどで新商品やサービスを取り上げてもらうという方法です。

　3つ目の「人的販売」とは、人の手を介したセールス全般を指します。店頭での接客やデモンストレーション（実演販売）、訪問営業やプレゼンなども含まれ、消費者に対して直接的な宣伝が行える手法です。

　4つ目の「セールスプロモーション（販売促進）」は、広告・宣伝、パブリシティ、人的販売以外のプロモーション活動を指します。主に消費者や顧客を対象にした宣伝活動がこれに該当し、試供品やクーポンの配布、ポイントカードのシステムや懸賞イベントの開催など、手段は多岐にわたります。消費者や顧客に対して宣伝物によって直接的にアプローチする手法で、「利用したい」「購入したい」という気持ちにさせるしくみがこれに該当します。

　「自社独自の魅力の備わった新製品」を、「どのような価格帯」で、「どのような販売チャネルで流通」させ、「どのような宣伝方法」を取るのか。マーケティングの4Pの考え方をうまく活用し、的確なマーケティング戦略を組み立てることで、新製品の販売を成功へと導くことができるでしょう。

ポイント

- 販売促進はマーケティングにおける中核的な要素。
- プロモーションは4つの要素から成り立っている。
- マーケティングの4Pのしくみを理解し、うまく機能させることが成功のカギ。

「ポジショニングマップ」であらゆるものを2軸で整理する

　マーケティング戦略に役立つ「ポジショニングマップ」というフレームワークがあります。

　これは、タテとヨコの2つの軸で、あらゆるものを整理したり分類したりする技法のことで、マーケティングに限らず経営やマネジメントなどビジネスの多様なシーンで活用されています。

　物事をスムーズに進めていくためには優先順位をつけ、何が重要で何が重要でないかの判断を明確にすることが大切です。ポジショニングマップは「2×2」で4つの象限になることから「4象限マトリックス」とも呼ばれていて、視覚的に4つに分けることができるので頭の中が整理され、作業効率がアップすることも期待できます。

　1章で解説した「緊急度・重要度マトリックス」もこれにあたります。緊急度をタテ軸に、重要度をヨコ軸にし、タスクの優先順位を明確にできるというものです。

　たとえば「顧客のクレーム対応」と「上司への報告」、夕方の会議までに準備が必要な「レポートの作成」、翌日行われる企画会議

のための「プレゼンの準備」、そして直近の「営業報告書の作成」、「新規顧客の開拓」、「後輩の指導」といった仕事を抱えているとします。仕事を抱えすぎて、どこから手をつけたらいいのかわからなくなってしまったとき。緊急度×重要度の2軸からなる4象限に、それぞれやるべき仕事内容を当てはめていくことで頭の中が整理され、まず何をすべきかが見えてくるはずです。

　この場合は「緊急度」×「重要度」が最も高い象限に当てはまるのが「顧客のクレーム対応」と「上司への報告」でしょう。早急に解決しなければ、大事な顧客を失う可能性があるからです。

　次に「緊急度は高いものの重要度はそこそこ」に分類されるのが「本日の会議への出席」と「レポートの作成」。明確な期限があるものは緊急度が高い象限に区分し、重要度は高くなくとも、すぐに対応しなければならない仕事であることを判断できます。

　また「緊急度、優先度ともに低い」象限に分類された仕事内容は、ひとまず後回しにはできますが、いつかは対処しなければなりません。自分の中で期限を設けて処理したいものです。

　このように優先順位をつけるのに効果的な2軸マトリックスですが、新しい製品やサービスを考えるときに、競合製品と比べてどのようなポジションの製品として形にすればいいのかを明確にする場合にも活用できます。

ポイント

- たくさんの要素を、ポジショニングマップの4象限で整理する。
- 「緊急度×重要度」をマップ化すると、渋滞するタスクの交通整理ができる。
- ポジショニングマップは、新製品開発時の分析に活用できる。

「伸ばすべき」「切るべき」 製品も2軸で分析できる

　ビジネスやマーケティングなど、さまざまなシーンで活用可能なポジショニングマップですが、自社製品を分析する「製品別ポートフォリオ（プロダクト・ポートフォリオ・マネジメント）」においても有用です。「製品別ポートフォリオ」とは、自社の製品やサービスを4つの象限に位置づけ、それぞれ最適な戦略を導き出すためのフレームワークのことを指します。この4象限のそれぞれについて解説します。

　1つ目が「花形（スター）」と呼ばれる象限です。これに該当する製品は市場成長率が高く、自社のシェアも大きいもので、今後もさらなる売上が見込める製品となります。ただし、市場の成長率が高いため競争も激しく、シェアの継続や伸長のためには品質向上のための積極的な投資やコスト削減なども求められるため、利益率はそれほど高いとはいえない場合が多いです。

　2つ目の象限は「金のなる木」と呼ばれるもので、市場の成長率は低いポジションにありますが、高いシェアを誇る製品です。自社がシェアを確保しているうえに市場の成長率も低いため、競合他社が参入してくる可能性も低く、しばらくは安定的に利益を

生み出すことができるでしょう。積極的な投資も不要なため、自社にとっては経営の要と捉えるべき製品といえるかもしれません。

　3つ目は「問題児」と呼ばれる象限です。これは市場の成長率は高いものの自社のシェアが低いため、現状においては売上の上昇が見込めない製品が該当します。市場の成長性自体は高いため、やり方次第で「花形」へと成長できる見込みもあります。投資をするか、現状で満足するかの見極めも必要になるでしょう。

　4つ目は「負け犬」と呼ばれる象限で、市場の成長率は低く、自社のシェアも少ない製品のことを指し、今後も利益を生み出すことが困難であるといえます。ここに分類される製品は事業の足かせになるため、手放して成長性の高い製品に投資したほうが賢明でしょう。

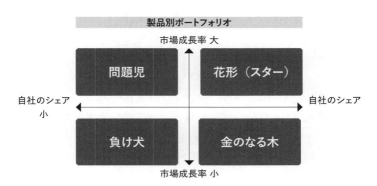

製品別ポートフォリオ

市場成長率　大

| 問題児 | 花形（スター） |

自社のシェア 小 ←→ 自社のシェア

| 負け犬 | 金のなる木 |

市場成長率　小

ポイント

- ポジショニングマップで「製品別ポートフォリオ」がつくれる。
- 製品別ポートフォリオで、あらゆる自社製品のポジションを4象限で分析する。
- 投資して育てる製品と切り捨てるべき製品を見極める。

製品のライフサイクルは
4つのステージに分けられる

　生み出された製品やサービスの多くには寿命があり、人の一生のようなライフステージが存在します。

　マーケティングの世界では「プロダクト・ライフ・サイクル」と呼ばれるフレームワークがあり、製品やサービスの一生を分析することができます。この手法を活用すれば、自社製品が今どのステージにあるかを把握することができ、マーケティング戦略や販売戦略が立てやすくなるのです。

　プロダクト・ライフ・サイクルは4つのステージに分けられます。「1.導入期」からはじまり、「2.成長期」を経て「3.成熟期」を迎え、やがて「4.衰退期」へと移行します。では、これらの各ステージを詳しく解説していきましょう。

　まず「1.導入期」ですが、これは製品の発売や事業立ち上げの時期にあたります。研究開発や設備投資などの初期投資に多額の費用がかかる時期であり、しかも製品が登場したばかりのため知名度も低く、マーケティングに力を入れてシェアを拡大すべき時期でしょう。ただし、宣伝費を多くかけたからといって必ずしも売上が伸びるとも限りません。結局成長期を迎えられず、赤字だ

けを残して市場を去る製品も少なくありません。

　次の段階となる「2.成長期」は、顧客や市場に製品が認知され、知名度も上昇し、急速に普及する時期を指します。製品の需要が増して市場も拡大するため、売上や利益が一気に上がります。ちょっとしたマーケティングのミスにもびくともせず、むしろそれをプラスに変えながらどんどん成長していきます。

　「3.成熟期」は、市場に製品が行きわたり、売上の上昇率が鈍化しはじめる段階です。競合他社による類似品なども出回るため市場価値は低下し、価格競争にも巻き込まれやすくなります。自社製品が突出できなければ、売り上げは次第に横ばいになり、いずれ利益は減少しはじめるでしょう。

　「4.衰退期」には、製品の需要が減少し、これにより売上高や利益も低下します。市場全体のニーズも減少し、やがて赤字が膨らみはじめ、製品の生産中止や事業の撤退も選択肢に入ります。

　このように、どんなに世の中を騒がせ、利益をたくさんあげた製品であっても、いつかは寿命を迎えるのです。したがって、一つの主力製品に頼った経営を続けていては、製品が衰退期を迎えたときに、企業ごと市場から去ることになりかねません。

　自社の製品が今どのステージにいるのかを知り、今後の戦略を立てていくことが大切だといえるでしょう。

■ ポイント

- 多くの製品は、いつか寿命を迎える。
- 「プロダクト・ライフ・サイクル」（製品の一生）は、4つのステージに分けられる。
- 自社製品の現在地を知ることで今後の戦略が立てやすくなる。

積み重ねた経験を次の仮説に 活かす「経験学習モデル」

　仕事の中での自分の経験から学べることは多くあるでしょう。経験を次の機会に活かすまでのプロセスを理論化し、実用的にしたものが「経験学習モデル」と呼ばれるフレームワークです。得た気づきを自分の武器に変えていくためにとても役立ちます。

　経験学習モデルとは、「具体的経験」「内省的省察」「抽象的概念化」「積極的実践（試行）」の4つのプロセスから成り立つサイクルです。各工程を1つずつ見ていきましょう。

　経験学習のサイクルは、まず「具体的経験」をすることからはじまります。ここでは、自分がはじめて関わる業務内容について、自ら考えて行動することが大切なポイントです。マニュアルにしたがったり、誰かに指示されるがままに行動したりすると、経験学習の成果は薄れてしまいます。

　次の工程は「内省的省察」です。一度現場から離れ、行動や経験の結果、どのような事象が発生したのかを振り返り、考える段階です。経験したことを俯瞰し、さまざまな角度から振り返って意味づけをします。場合によっては上司を交えて振り返り、フィードバックをもらうといいでしょう。省察することで、気づきやア

イデアが得られ、改善のためのアクションも明確になります。

　続いては「抽象的概念化」です。経験して得られた気づきを、似たようなほかの場面でも利用できないか検討します。経験した内容を他者も理解できるように概念的なものに置き換えて抽象化することで、１回きりの事象で終わらせるのではなく、他者も活用できる汎用的なツールへと変化させるのです。これにより、自分だけでなく、チームや組織全体の力が向上するでしょう。

　最後のプロセスは「積極的実践（試行）」です。「抽象的概念化」された気づきは、実際に試してみて確かめるまでは、まだ仮説の状態です。経験を通して築きあげた仮説や新しいフレームワークを行動に移し、実践することこそ重要なことです。

　以上が経験学習モデルの内容ですが、最も重要なプロセスは「考察」することです。そして、そのポイントは「最後まで諦めずに根気よく取り組み、追求し続ける」ことにあります。

　「なぜ？」を繰り返しながら粘り強く問題と向き合い、諦めずに根気よく考え続けることで、素晴らしい仮説やアイデアが得られます。そのひらめきをロジックで詰めていった先に、素晴らしい成果が待っているのです。

ポイント

- 「経験学習モデル」を使って、自らの経験を「誰もが使えるスキル」に変える。
- 経験学習モデルは４つのプロセスでできている。
- 徹底的な「省察」が、精度の高いひらめきを生む。

経験学習モデルに「PDCAサイクル」を組み込む

　前項で解説した経験学習モデルは、さらに「PDCAサイクル」と組み合わせることで、より高い成果につながる場合があります。

　ご存じの方も多いかもしれませんが、PDCAサイクルとは「Plan（計画）」「Do（実行）」「Check（評価）」「Action（改善）」の頭文字を取ったフレームワークで、これら4つの工程を繰り返すことによって、次にやるべきことが明確になり、目標達成力がどんどん上がっていきます。

　PDCAサイクルをフェーズごとに詳しく見ていきましょう。はじめは「Plan（計画）」です。まずは問題点や目標を掲げ、具体的な解決策や目標達成に向けた道筋となる行動計画を立案しましょう。行動計画を作成する際は、のちに評価しやすいように、具体的な目標数値や期限を設定することがポイントになります。期限や目標数値が具体的であれば、そこから逆算して、明確なスケジュールを立てやすくなるということもあります。

　次は「Do（実行）」です。「Plan（計画）」で立てた行動計画に沿って実行に移していきます。このときポイントになるのが、可能な限り立案した計画通りに実行することです。また、実行内容を記

録しておくことも大切でしょう。もし計画通りに実行できなかった場合、記録があれば後から振り返ることができるからです。

　そして「Check（評価）」です。計画に基づいて実行した結果、設定した目標を達成できたかどうか、また計画通りに実行できたか、など結果を検証し、評価しましょう。

　最後のステップである「Action（改善）」では、問題が解決できなかったり、不十分であったりした場合に、分析をもとに問題点の改善案を考え、計画の修正や見直しを図ります。そして再度、最初のステップである「Plan（計画）」に戻り、次のPDCAサイクルを回していくのです。

　経験学習モデルの「具体的経験」の前に、PDCAサイクルの「Plan（計画）」のステップを加えると、何かを経験する前に計画を立てることができます。さらにPDCAサイクルの「Check（評価）」のステップにおいて、経験学習モデルの「内省的省察」と「抽象的概念化」を意識すると、自らの行動に対して、質の高い評価ができるようになるでしょう。

　このように、2つのフレームワークの長所を組み合わせながら使っていくことで、経験からの学びがより大きなものになることでしょう。

ポイント

- PDCAサイクルの活用で、目標達成力が強化できる。
- PDCAサイクルは、問題が解決できなければ修正し、繰り返す。
- 経験学習モデルとPDCAサイクルには相互補完性があり、組み合わせて使うと経験からの学びがより大きくなる。

第**4**章 チェックポイント

成果が出るマーケティング戦略

☐ 3C 分析で市場環境を俯瞰する

☐ SWOT 分析で社内外を精査する

☐ 外部環境を捉える PEST 分析

☐ 5 つの脅威を 5Force 分析で知る

☐ マーケティングの 4P ①製品

☐ マーケティングの 4P ②価格

☐ マーケティングの 4P ③流通

☐ マーケティングの 4P ④販促

☐ ポジショニングマップで整理する

☐ 製品にはライフサイクルがある

第5章

マッキンゼーで学んだ！ワンランク上の会議・プレゼン術

マッキンゼーをはじめとした一流コンサルが集う組織には、日々の会議やプレゼンの中にも一流たるゆえんが隠されています。意思決定や意思伝達をワンランクアップさせるためのアイデアをご紹介します。

法則
063　会議の効果を最大化する

会議は目的に合わせて
4種類に分ける

　仕事をスムーズに進める上で欠かせないのがミーティングです。毎週決まった時間にチーム内で作業の進捗や結果を報告したり、戦略について話し合う機会を設けたりしているビジネスパーソンも多いでしょう。しかし、ただメンバーを決まった時間や場所に集めるだけでは、意味のある会議になるとは限りません。

　会議の効果を最大限に引き出すためには、会議を目的ごとに分類してみるという方法がおすすめです。目的を把握することは会議の重要度を測ることにつながり、より効率よく仕事を進められるようになると考えられているのです。

　基本的に、会議の多くは①報告、②課題の解決、③ブレインストーミング、④チームビルディングの4つに分類することができます。

　この中で最も重要なのは、チーム内での密なコミュニケーションが必須な②と③です。メールやチャット、オンライン上の会議ではなかなか対面で行うような成果はあげられません。一方で①は、わざわざ対面で行わなくても目的は達成できることから、比較的重要度は低いと判断できるでしょう。

　そして④は、いいチームをつくるために必要に応じて行うことが望ましいとされている会議。メンバーのモチベーションを上げたり、足並みをそろえたりするために実施します。

　そしてこれらの会議をよりよいものにするためには、「話しやすい雰囲気かどうか」「会議に集中できる環境が整っているかどうか」を意識することが重要です。

　「いい会議」と聞くと、「どれだけ充実した内容を話し合えるか」を重視するビジネスパーソンは多いかもしれません。しかしコンサル思考術においては、内容もさることながら、場の雰囲気を整えることを大切にするべきだと考えているのです。

　たとえば、高圧的なメンバーや否定的な意見ばかりいうメンバーがいると発言しにくい雰囲気が生まれますし、人通りの多いガヤガヤしたスペースで会議をすればメンバーの気が散ってしまうでしょう。メンバー全員が意見を言い合えない環境では、いい結論を導き出すことはできません。

　いい会議をするためには、会議の目的をしっかり理解した上で、メンバー全員が集中し、積極的に意見交換できる環境かどうかを常に意識する必要があるのです。

ポイント

- 会議は目的ごとに4つに分類し、重要度を測る。
- 貴重な会議の時間は、密なコミュニケーションを必要とする問題解決やアイデア出しにあてる。
- 場の雰囲気を整えれば、議論の質が高まる。

チームに通底する共通意識

最強のチームは「使命感」を共有している

　会議において、メンバー全員が集中できる環境をつくることが重要だと先述しましたが、この安心して発言できる雰囲気づくり、すなわち「心理的安全性」を組織全体で達成している企業があります。

　それが、グーグルです。同社はチームビルディングにおいて「関係性の質」を高めることを最も重要なものとしています。実際に社内の生産性の高いチームと低いチームを比較分析したところ、優秀なメンバーが揃っているかどうかよりも、チームのメンバーが良好な関係性を築けているかどうかが最大の違いだということを発見しました。

　自分をさらけ出しても否定されない環境、意見を気軽に言い合えるチームに所属していると、メンバーは余計なストレスを感じることなく仕事を進めることができます。その結果、仕事への集中度も高まってパフォーマンスが向上するのです。

　また、組織のチームとしての結束力を高める最大の要素は、「使命感の共有」です。

　人間は社会的な生き物であるため、誰かの役に立つことに大きな存在意義を感じます。ビジネスにおいては、個人や自社の利益を追求することも大切なことではありますが、それだけでは自信が生まれません。今行っている仕事が、たとえば「日本の食卓を支えている」「格差の解消に寄与している」など、社会に貢献しているという意識が持てると、仕事に喜びや満足感を抱けるようになり、モチベーションが格段に上がるのです。

　グーグル社員の結束力も、この「使命感」がキーワードになっています。彼らはただ単にメンバー同士「気が合う」「仲がいい」というわけではありません。当然、さまざまな個性を持った人々が組織に所属していて、相性のいい人もいれば悪い人もいます。
　そのようなバラバラなメンバーをつないでいるのが、使命感なのです。全員が共通のゴールを見据えているからこそ、お互いの違いにもリスペクトが生まれるのです。使命感を共有し、お互いが心を許せる関係性を構築することで、最強の組織が生まれた好事例だといえるでしょう。
　組織として目指すゴールをメンバー全員に浸透させるためには、オフィスの壁にそれらを掲示したり、定例会議の際に確認し合ったりするなど、常にゴールを意識しながら働く環境をつくることが重要です。

ポイント
- 「関係の質」が高いチームが、高い成果をあげる。
- 個人や会社の利益を追求するだけでなく、「使命感」を共有すれば、仕事に喜びや楽しみが広がる。
- グーグルの優秀なチームも、使命感を原動力にしている。

会議の目的とゴールを
参加者に事前に共有する

　日々の仕事に組み込まれるさまざまな会議。中には、ルーティン化していて、参加者の多くは「ただ座っているだけ」になっているものもあるかもしれません。

　形式的な会議を惰性的に行っている企業はとても多いといわれています。そうなってしまう原因は、参加者が会議の目的を理解していなかったり、そもそも会議を開く必要がない内容を話していたりすることなどが考えられます。

　では、会議を意味あるものにするためにはどうしたらいいのでしょうか。次の３つを、事前に参加者へ共有することが有効だと考えられます。

　１つ目は「会議の目的」です。この会議はなぜ開かれているのかを明確にしておくことで、参加者の目的意識を高めることができます。その目的を考える際には、先述したような、会議を４種類に分ける手法が活用できるでしょう。

　２つ目は「会議のゴール」です。たとえば「企画書を先方に提出できる状態にまでブラッシュアップする」や「売上目標達成の

ための新施策を3つ出す」など、会議中に決めたいことや、なりたい状態を明確にするのです。こうすることで、すべてのメンバーに主体的な参加を促すことができるでしょう。

　3つ目は「なぜ参加してもらっているのか」です。この会議に自分が参加しているのは、どのような理由からなのか、参加者として何を期待されているのかをあらかじめ提示することで、モチベーションを高めることができます。

　これらの3つは、会議中にも常に提示しておくことが重要です。会議を進める中で議論の方向性がずれていってしまったり、論点とは関係のない話が盛り上がってしまったりというのはありがちなケースです。「会議中は順調に進んでいると思ったのに、終わってみたら何も成果がなかった」という状況はなんとしてでも避けなければいけません。議論が軌道を逸れたとしても、参加者が冷静になり、当初の目的に立ち返れるような工夫をすることが重要なのです。

　たとえばミーティングルーム内のホワイトボードに会議の目的とゴールを書き記しておく、オンライン会議の場合は、画面共有機能などを使ってそれらを提示しておくなどが有効でしょう。

　いい会議にするためには、事前の情報共有と参加者全員を議論に参加させる場づくりが必須なのです。

ポイント

- 3つのポイントを事前に伝え、質のよい会議をつくる。
- 会議の前に「目的」と「ゴール」を共有する。
- 「参加する意味」を伝えると、参加者の意欲が高まる。
- 論点がずれないよう、会議中も目的とゴールを意識し続ける。

冒頭5分の「雑談タイム」が会議の質を高める

　理想的な会議のあり方は、「短時間で質の高い議論をすること」ですが、これは簡単なことではありません。「場」が温まり、発言しやすい雰囲気ができるまでは、ある程度の時間を要するのが現実でしょう。

　一流コンサルたちの会議では、冒頭の5分間があえて雑談の時間にあてられることが珍しくありません。「最近何か楽しいことはありましたか？」「週末は何をしていたのですか？」など、仕事とは一切関係ない話題が飛び交うのです。すると参加者の気持ちがほぐれ、生産的な話し合いに最適な、活発で安心感のある雰囲気をつくり出すことができるのです。

　これはコーチングの分野でも広く活用されていて、専門用語では「チェックイン」と呼ばれています。宿泊施設に入るときのように、会議の「場」にスムーズに入るための手法だからです。

　チェックインには具体的に、2つの効果があるといわれています。1つは、お互いの思ったことや感じたことなどを共有することで、心理的に安全な場をつくり出すことができること。いきな

り本題に切り込むよりも、ずっと和やかな空気の中で会議を進めることができます。

　もう1つは、「個人的な出来事」を発表することにより、参加者が話を聞く体勢をつくることができるということです。「メンバーがどんなことを考えているのか聞き逃さないように」という気持ちが、会議への集中力を自然と高めてくれるのです。

　ここでの雑談は、議論を深めたり、何か意見を言ったりする必要はありません。話を聞いてあいづちを打つ、共感する程度の反応で十分だといわれています。

　会議はみんなで集まって意見を交換できる貴重な場です。雑談タイムを取り入れる「急がば回れ」の戦略が、結果的にチーム全体のパフォーマンスや生産性を高めてくれるのです。

　また、近年急速に進んだオンライン化により、チームメンバーとの関係性が薄くなったと感じている人もいるでしょう。そんなときにもチェックインは有効です。会議のときに限らず、日常的にチャットやメールなどで何気ない会話をするように心がけることによって、信頼関係を醸成することができるのです。または、複数人でオンライン会議のルームを開いて、お互いの環境音が聞こえる状態で仕事をするだけでも、心理的なつながりを得られることでしょう。

■ ポイント

- 最初の5分間が会議の質を左右する。
- 冒頭の雑談タイムには、心理的安全性の向上や参加者が話を聞く体勢をつくる効果がある。
- オンラインでの作業でも、人とのつながりを感じる工夫を。

相手の主観に流されない

「意見」と「事実」を
しっかり聞き分ける

　「人の話をよく聞いて理解しようとしているのに、いつの間に
か相手のペースに流されてしまう」「言いたいことがあったのに、
いつの間にか忘れてしまった」という経験をしたことがある人も
多いでしょう。人との会話は日常的な行為ですが、しっかり相手
を理解しようとすると、実は高度な技術が必要な行為でもあると
いえます。

　相手の話を聞くときには、次々に渡される情報をインプットし
つつ、自分の頭の中で情報を整理しています。そこから会話を広
げるための質問を考えたり、円滑にコミュニケーションを進める
ための反応を返したりしているわけです。無意識とはいえ、頭を
フルに使っていることがわかるでしょう。会話の途中で思考がま
とまらなくなってしまうことがあるのも納得です。

　マッキンゼーでは、このような状況を避けるために「思考の分
解」という手法をすすめています。それは相手の話を聞きながら、
内容を「事実」と「意見」の2つに分類するというもの。
　たとえば会話の相手が「今抱えている仕事がつまらなくて

……」と嘆いているとしましょう。「つまらない」というのは個人の感想ですから、これは「意見」であることがわかります。

「意見」が聞けたら、次は「事実」を尋ねることで会話を広げることができます。「なぜつまらないのか？」と聞けば、「フォーマット通りのやり方で進めるしかなくて、クリエイティブな発想が生かせない」と返ってきたとします。ここで「仕事に自由度がない」という「事実」が判明します。すると「つまらない」という現状を打破するためには、より自由な枠組みで仕事を進める必要があるということに気づけるのです。

特に会議の場合、「意見」と「事実」を知ることは議論を間違った方向に進めないためにとても重要です。「意見」だけを聞いて解決策を練ったとしても、本当の問題である「事実」を発見して改善できるとは限りません。「話はしっかり聞いたつもりなのに、効果が得られなかった」ということのないように、2つの要素を確実に区別して把握する必要があるのです。

ただし、この思考法はかなりレベルの高いものだといえます。身につくまでにはかなりの時間を要するため、たくさんの人の話を聞き、実際に「意見」と「事実」に分類するトレーニングを積んでいくことが重要でしょう。

ポイント

- 相手の話を、主観的な「意見」と客観的な「事実」に分けるクセをつける。
- 問題の本質を見抜くためには「意見」でなく「事実」が必要。
- 日ごろから、意見と事実を区別する訓練を重ねる。

会議の空気をコントロールする

重苦しい会議を動かす「問い」

　会議をスムーズに進め、生産性の高い議論の場にするために主宰者に求められることは何でしょうか。マッキンゼーでは、それは「適切な場面で、適切な問いが立てられること」だと考えられています。

　たとえば、メンバーにやや緊張が見られて、会議の雰囲気が硬いと感じたとします。そのようなときには、議論をいったんストップさせて、その場の空気をやわらかくするような質問を投げかけることが有効です。「みんなちょっと緊張しているように感じますが、楽しく議論を進めるためにはどうすればいいかな？」というような具合です。

　また、議論が本筋から逸れていってしまっていると感じたときには、「それは問題解決に重要なことだと思う？」とメンバーに問題提起をしてみるのもいいでしょう。

　つまり、会議を進行する立場の人には「場の空気」をしっかり読むことが最も重要なのです。会議のテーブルを一歩引いた目線で眺め、メンバーはどんな精神状態で話をしているのか、場の空気はどのように変化しているかなどを把握することが求められているということです。

　会議には大きく2つの流れがあると考えられています。それは
「拡散」と「収束」です。前者はさまざまなアイデアや意見が活
発に飛び交い、議論が広がっている状態。それに対して後者は、
1つの意見を深掘りしたり、1つの結論を導き出したりしようと
している「まとめ」の状態です。

　議論が拡散しすぎていると感じたときには、「たくさんの意見
が出ましたが、一番大切にするべきなのはどれだと思いますか？」
というような、収束に向かうためのアプローチをすることが求め
られますし、一方で参加者が無理に結論を出そうとしていると感
じたときには、「みんなは今、何を感じていますか？」と、いっ
たん議論を広げる質問が求められるのです。

　では、参加者から意見があまり出ず、進まないときにはどのよ
うなアプローチが適切でしょうか。

　それには「場を大きく包み込む問い」が有効です。「今、何を
考えている？」「一番気にしていることは何ですか？」というふ
うに、議論の内容とは直接関係しない質問を投げかけることで、
その場の空気を変えることができます。会議の理解度に関わらず
全員が話せる話題を提供することで、進行を妨げていた原因を取
り除く効果が期待できるでしょう。

ポイント

- 会議の主宰者に求められるのは俯瞰の視点。
- 会議には、多様な意見が活発に飛び交う「拡散」の時間と、結論に
  向かって深掘りしていく「収束」の時間がある。
- 会議が思うように進まないときには「大きな問い」を使う。

法則

069　前向きな議論をつくる

愛ある問いが会議の空気を
一変させる

　会議の主宰者は、その場の空気を読んだ質問をすることが重要だと先述しました。会議のテーブルを、ほかの参加者より一歩引いた目線で眺めることで、適切な問いをすることができます。

　しかし、いくら自分が適切な問いを立てても、参加者を巻き込むことができなければ、いい会議にすることはできません。
そこで、チーム全体の流れをガラリと変える問いを立てるためのポイントを紹介します。

　それはずばり、ニュートラルな視点で問いを立てるということです。「こうあるべきだ」という前提条件や固定観念にとらわれない視点から立てた問いは、その場にいる人をハッとさせる力を持っているものです。

　わかりやすい例を1つ挙げてみましょう。

　2009年、リーマンショックをきっかけに世界経済は大きく揺らぎました。そのとき世界中の経済学者は「この経済危機はいつ終わるのか？」について必死に議論をしていました。しかし、日本人経営学者の田坂広志教授が「この経済危機は私たちをどう変えるのか？」という問いを投げかけたのです。

　前者の問いは、「経済危機は悪いもの」「何としてでも抜け出さなくてはいけないもの」という前提条件があった上で議論を進めていますが、田坂教授が立てた問いは「早く脱するべきだ」という枠を飛び越え、この現実が未来をどのように変えるのかを捉えようとしていることがわかるでしょう。経済危機を変化のきっかけとして、むしろポジティブに捉えている感じさえあります。このニュートラルな問いは、実際に多くの人に影響を与えることになりました。

　多くのニュートラルな問いの根底には、「愛」があります。現状を否定するのではなく、未来をよりよくするためにどうすればいいのかをポジティブに捉えた結果だからです。

　これはスケールの大きい議論だけでなく、日常的なビジネスシーンにも活用することができるでしょう。
　たとえば仕事現場の人数が減り、1人ひとりの作業負担が大きくなっている現状があるとしましょう。そのようなとき「この人員不足は会社にどのような変化をもたらすのか？」を問うてみると、作業手順の見直しやAIを使った自動化など、さまざまな対応策を検討するきっかけになります。このような「愛」ある問いが、膠着した議論の雰囲気を一変させるのです。

ポイント

- 前提条件や固定観念にとらわれない問いを立てる。
- ニュートラルな視点からの問いには「愛」がある。
- 愛ある問いは、膠着した議論の雰囲気を一変させ、未来を大きく変える力を秘めている。

自分の意見や主張は
質問に混ぜ込む

　相手の気分を害さずに自分の意見を伝えるのは難しい、と感じているビジネスパーソンは多いでしょう。特に取引先の担当者やクライアントなどの意見に対して否定的な考えが浮かんだとき、「それは違うと思います」とストレートに伝えてしまうと、ときに反発されることもあるかもしれませんし、そのひと言がその後の関係性を大きく変えてしまうこともあるでしょう。

　とはいえ、自分の意見を伝えることはビジネスをする上では欠かせないことです。反対意見を持ちながらも、相手の主張にうなずいているだけでは、いい結果は生まれないでしょう。

　そのようなとき、「自分の意見を質問に混ぜ込む」のがマッキンゼー流。「私は○○だと思いますよ」とそのまま伝えるのではなく、「素晴らしい意見ですね。なぜ△△だと考えたのですか?」「○○という見方をしたらどうなるでしょうか?」など、相手が考えをめぐらせるような質問を投げかけるのです。この方法を使えば、自分を主張しすぎることなく、相手に自然な形で意見を伝えることができます。

　また、相手の話を十分に引き出してから質問をすることで、相手は「この人は自分のことを知ろうとしてくれている」と感じ、さらに身を乗り出して話し合いに応じてくれるのです。

　さらに、この手法は営業の場面においても有効です。たとえば生命保険の営業を行うとしましょう。お客さんは「保障内容はそれなりでも安いプランがいい」と考えていますが、保険のプロである自分は「家族がいるため手厚い保障プランに入ったほうがいい」と考えたとします。このとき「お客さまの家族構成や職業から判断して、もっと充実しているプランがいいですよ」とストレートに伝えたところで、なかなか理解を示してもらえません。

　そのようなときに「お子さまの教育費や今後のことを考えると、お金は重要ですよね。保障内容で最優先なのはどの項目ですか？」「もしものことを想像したとき、今のプランはどう思いますか？」「奥さまはどうお考えなのでしょうか？」といった質問をすることで、お客さん自身で思考してもらうことができます。そしてお客さんに「このプランだと不安な部分も多いかもしれない」という結論を導かせることができれば、お互いが納得した形で契約を結ぶことができるでしょう。問いの力をうまく使いながら、相手に考えてもらうということが、意見を伝えるときに重要なのです。

ポイント

- 意見をストレートに伝えると反発を招くリスクがある。
- 質問の中に意見を混ぜ、相手に考えてもらうことが重要。
- 相手の話を十分に引き出してから、的を射た質問をすることで、相手からの信頼も得られる。

主語を「私」ではなく
「私たち」に変える

　参加者全員を議論に巻き込むためには「場づくり」が重要だと先述しました。何を言っても認めてもらえるという安心感を参加者に与えることで、会議に対して前向きに取り組む人の数を増やすことができます。

　それに加えて意識したいのは、話すときの主語です。具体的に説明すると、「私」よりも「私たち」を用いるほうがいいのです。そもそも会議は、誰か1人の意見をただ聞いて受け入れるのではなく、全員で議論することによって、よりよい答えを導き出すことが目的です。そこで主語を「私たち」にすることで、その場の一体感を生み出すことができるのです。

　「私が考えた課題は○○です」というよりも「私たちにとっての課題は○○です」といったほうが、全員がより「自分ごと」として問題を認識できるようになるでしょう。

　ちょっとした工夫ではありますが、ひと言変えるだけでも会議の雰囲気は活発になり、参加者それぞれが「共通の問題を解決するためにはどうすればいいのか」を真剣に検討するようになるのです。

　この手法を上手に使っていたのが、アメリカの元大統領、バラク・オバマ氏です。

　彼は大統領選挙に勝利したあと、「私たちが向かうべき未来」というテーマで演説を行いました。その演説内ではなんと、「私たち」という主語が27回も使われたのです。「私」という主語はわずか9回しか使われていないことから、「私たち」を意識的に選んで話していたことは明白でしょう。

　このスピーチはアメリカ国民を団結させるために非常に大きな役割を果たしました。話した内容はもちろんですが、伝え方を工夫したことによってオバマ氏と国民、そして国民同士が一体感を共有することができた好事例です。

　話すときの主語を変えるというのはテクニカルな工夫かもしれません。しかし想像以上に、聞き手側はどんどん議論の中に巻き込まれていき、メンバーの一員として自然と主体的な言動を見せるようになっていきます。会議の規模に関わらず日常的に使える手法ですから、まずは気軽に実践してみましょう。

ポイント

• 話すときの主語を変えるだけで場の一体感が生まれる。
• 「私たち」を使うと、聞き手がその話を「自分ごと」として捉えるようになる。
• 会議の規模に関わらず有効なので、積極的に実践する。

「本当の気持ち」の引き出し方

「キャラ化質問」で 相手の本音を引き出す

　人は何か新しいことをはじめようとするときや、立てた計画を実行しようとするときに大きな不安を感じます。「100人がそれぞれやってみたいことを計画しても、実際に実行に踏み切るのは1人だけ」といわれることもあるほどです。何か行動を起こすことは、それほど勇気のいることなのです。

　このとき多くの人が恐れているのは、失敗そのものではありません。失敗することによって他者からの評価が下がったり、自分が落ち込んだりすることに恐怖を感じているといわれています。実行しないという判断は、自分がダメージを受けないようにするための防御反応であるとも捉えられるのです。

　なかなか実行しない相手に対して「なぜ動かないのか？」と単刀直入に聞いても、「やってもムダ」「私じゃなくてもいいですよね」と、真正面から向き合ってもらえないケースが多々あるのも納得でしょう。

　そのようなときに活用できるマッキンゼー流の心の開き方は、感情を「キャラ化」して表現してもらうことです。

　たとえば、仕事の進め方に賛同してくれない人がいたとします。理由を聞いても釈然としないとき、「あなたの心の中に1人、この仕事を進めたがらないキャラクターがいるとしたら、どんな名前をつけますか？」と聞いてみるのです。

　仮に相手が「ドキドキくん」と答えたら、「『ドキドキくん』は何か怖がっている様子ですか？」「このやり方に対して何か言っていることはありますか？」などと質問し、自分ではない「誰か」に心の感情を表現させます。すると、本心を言うハードルが不思議と下がり、素直に心の内を明かしてくれるようになります。

　これはマッキンゼーのコーチングの中で実際に採用され、一定の効果があった手法です。自分の本心の一部を「キャラ化」することで、別人格のように客観視することができ、それによって前向きな気持ちになれる人が増えたのです。

　この手法は、自分1人でも行うことができます。前に進めない原因となっている感情に名前をつけ、その感情と客観的に向き合うことで、ぼんやりと抱えていた不安がクリアになったり、解決策が浮かんだりすることでしょう。頭の中だけで考えるのが難しい場合には、文章にして書いてみる、イラストにしてみるなど、自分がやりやすい方法を探す工夫をするのもおすすめです。

ポイント

- 人は新しいことをするときに少なからず不安を感じる。
- 本心を別のキャラクターに代弁させる「キャラ化質問」で、相手から不安の正体を引き出せる。
- キャラ化質問は、自分に対しても使える。

実のある議論をするために
会議の時間は30分に

　人間には、一定額のお金を与えられたらそれを使い切ろうとする心理があるといわれています。たとえば毎月３万円のお金が自由に使えるとしたら、月末にちょうど使い切れるように飲み会や趣味の予定などを調整している人も多いでしょう。

　実はこれは、時間の使い方にも当てはまると考えられています。つまり、会議の時間が1時間に設定されていたら、何となく1時間になるように話す内容を決めているということです。

　日本の多くの企業では、会議は１時間が基本単位です。「この会議は本当に１時間使う必要があるのか？」と疑問を抱く人は少ないかもしれません。

　しかし、質のよい話し合いを行うためには、会議は30分単位であることが理想的でしょう。１時間もあると、議論が横道に逸れて間延びしたり、途中で発言者の愚痴や自慢話などが続いたりして、生産性が低下する可能性があるのです。

　30分で会議を終わらせるためには、あらかじめ話す内容をブラッシュアップし、時間をムダなく使う必要があります。

　では、自分の意見や作業の進捗を最短時間で伝え切るにはどう

したらいいのでしょうか。

　そのスキルを測るために、ぜひ「エレベーターテスト」を試してみてください。このテストは、エレベーターでフロアを移動するときくらいの短い時間に、自分の伝えたいことを的確に表現するというもの。問題点や解決策、具体的な実施方法などを30秒〜1分程度の時間で伝え切れるようになった状態がゴールです。

　30秒と聞くと、一瞬で過ぎてしまうように感じるかもしれません。しかし、テレビCMは15〜30秒程度でつくられているものが多いことからも、ある程度の伝えたい内容は十分に伝え切れる秒数であることがわかります。

　ただし、これもトレーニングを積まなければ習得することはできません。いきなり会議に取り入れるのではなく、業務の引き継ぎや情報共有の場面から、徐々に試していくのがおすすめです。

　また主宰者は、会議の30分ですべての議題に触れられるよう、「1つの議題は10分まで」というように、議題ごとに制限時間を設けたり、議題に関係のある人だけを集めて最小人数で会議を行ったりといった工夫をすることも重要だといえるでしょう。

■ ポイント

- 人間は決められた時間を目一杯使おうとする。
- 多くの会議は1時間単位で時間が設定されることが多いが、理想の会議時間は30分。
- 「エレベーターテスト」でコンパクトに伝えるスキルをつける。

コンパクトにわかりやすく伝える

「PREP法」を使って
端的にものを伝える

　円滑に仕事を進めるために欠かせないのが「報（報告）・連（連絡）・相（相談）」。仕事の基本のキとして、新社会人のときに教わった人も多いでしょう。ではこの報連相を、より短時間で効率よく行うためには、どのような伝え方をすればいいでしょうか。

　それには「PREP法」というメソッドが役に立ちます。これは4つの要素の頭文字を集めたもので、「P = Point（結論）」「R = Reason（理由）」「E = Example（例）」、そして「P = Point（2度目の結論）」を意味します。

　相手にまず話の結論を伝え、次にその結論に至った理由や根拠、さらにそれを補強する事例の共有、そしてもう1度結論を話してまとめるという流れです。

　「Aは○○だ」という話を誰かに伝えたいとしましょう。その際にはまず、「Aは○○だと考えます」と結論を先に述べましょう。次に「その理由は○○だからです」と根拠を端的に説明し、その後「以前はこのようなケースがありました」というふうに、意見をより説得力のあるものにするための事例を伝えます。そして最

後にもう1度、「だから私はAが○○だと考えます」と結論を伝えて相手のリアクションを待ちます。

このメソッドの最大のメリットは、話のゴールが明確になること。結論を最初に話すことによって、聞き手はゴールが見えた上で話を聞くことができます。また、聞き手が最も話に集中しているのは、話のはじめだといわれています。冒頭で結論を伝えることで、相手の気持ちをより引きつけることができるのです。多忙な上司やクライアントに端的に物事を伝えるとき、ぜひ活用したい手法です。

もちろんこの手法は報連相のシーンだけでなく、口頭での発表やプレゼン、または企画書や報告書を作成するときにも有効です。相手に必要な情報を最短で伝えることができることから、普段からこの手法で情報をまとめる習慣をつけておくと、どんなときでも的確に意見を伝えられるようになるでしょう。

さらに、この伝え方は日常生活にも活かすことができます。家族や友人に感謝の気持ちを伝えるとき、謝るときなどに、この4つの順番で話を進めると、自分の誠意をしっかり伝えることができるのです。

ポイント

- 「PREP法」は、「Point（結論）」「Reason（理由）」「Example（例）」「Point（2度目の結論）」の4ステップ。
- 結論から話すことで、聞き手が理解しやすくなる。
- 報連相だけでなく、プレゼンや報告書の作成時などにも有効。

最後の5分間を使って
会議を振り返る

　会議には「拡散」と「収束」のフェーズがあることを先述しました。主宰者はこの会議の流れを見極め、適切な質問で議論を正しい方向に導くことが役目です。

　それと主宰者にはもう1つ、会議の際に役割があります。会議終了間際になったら、議論を通して導き出されたアウトプットを全員で確認する時間を設けるということ。導き出された結論に加え、誰がいつまでに、何をすればいいのかを全員で再確認するようにします。それと同時に、「今回このような結論が出ましたが、みなさんよろしいでしょうか？」と参加者の同意をもらうようにしましょう。

　マッキンゼーでは、会議終了5分前に会議全体の振り返りを行うことを推奨しています。これは、先述した会議冒頭の雑談を指す「チェックイン」に対して、「チェックアウト」と呼ばれます。
　席を立つ前に、今回の会議はどんな姿勢で参加できたか、反省点はあるかなどをざっくばらんに話してもらうのです。「今日は少し空気が重かった」という意見が出れば、次回は雰囲気づくり

に注意しようと反省したり、「活発でいい会議だった」という意見があれば、なぜいい空気になったのかを振り返ったりすることができるでしょう。

それを踏まえて「次はどのような姿勢で会議に参加したいか」を参加者全員に発表してもらうことも有効です。

ほとんどの企業は会議自体の振り返りをしていないのが現状ですが、取り入れることで参加者は常に振り返りがあることを意識した状態で会議に臨むようになります。その結果、回を重ねるごとに会議のクオリティが向上していくことが期待できるのです。

また、会議終了時だけでなく、会議の途中に振り返りをはさむのも有効です。議題が切り替わるときや、メンバーの集中力が切れてきたと感じるときなどに、「ここまでの会議を振り返ってみてどうですか？」という問いを投げかけてみましょう。

会議は、参加者全員が主体的に、共通のゴールに向かっていくための大切な時間です。こまめに振り返りの時間を設定することで、会議のクオリティと参加者のモチベーションを保つことができるのです。

ポイント

- 会議終了前には、議論の成果を改めて確認し合う。
- 最後の５分間を会議全体の振り返りにあてる。
- 議題が切り替わるときや議論が進まなくなったときには、会議の途中に振り返りをはさむのも有効。

ひらめきを頭の中で発展させる

ブレインストーミングは
1人でもできる

　自由な発想でアイデアの種を出し合うブレインストーミング。さまざまな視点を集めたいときによく行われることから、何人かいないと実施できないと考えている人も多いでしょう。しかし、コツさえつかめば1人でも行うことができるのです。

　そもそもブレインストーミングは「ひらめき」という意味の英単語が由来です。そのため、複数人でなければいけないという条件はまったくありません。

　複数人であっても、1人であっても、ブレインストーミングの効果を高めるために守るべきポイントが5つあります。

　それは①適切な問いを立てる、②批判をしない、③ざっくりした発想もOK、④質より量、⑤出てきた発想をさらに発展させる、ということ。

　中でももっとも重要なのは①の「適切な問いを立てる」ことだといえます。なぜなら、発想を広げられるようないい問いを立てることで、多種多様なひらめきが促されていくからです。

　何の縛りもない、まっさらな状態でアイデアを出していこうとすると、多くの人は考えの糸口を見出すことができません。何か

ひらめきのきっかけとなる問いを立てて、ある程度発想の枠組み
を設定することで、自由なブレインストーミングの場をつくり出
すことができるのです。

　適切な問いをすることを「新しい箱をつくる」と表現すること
もあります。「考える箱がない」状態で考えるのでもなく、「すで
にある箱の中で考える」のでもありません。新たな箱を最初に設
定し、その中で思考をめぐらせることで、自由な発想ができるよ
うになるでしょう。1人で行う場合でも複数人で行う場合でも、
この箱の設定さえきちんとできれば、大きな成果が期待できるの
です。

　適切な問いを設定したあとは、残りの4つのルールにしたがっ
てさまざまなアイデアを出していきましょう。ひと通り意見が出
そろったら、最初に設定した問いに立ち返り、その答えとして使
えそうなものを厳選していきます。抽象的なアイデアだったとし
ても、その段階から具体的な事柄を詰めていけば問題ありません。
より自由で既存の枠組みにとらわれないアイデアが生まれていれ
ば、ブレインストーミングは成功したといえます。
　適切な問いの設定によって、新しい視点は自分の頭の中にたく
さんめぐらせることができるのです。

ポイント

- 何の制限もない、まっさらな状態ではアイデアが出にくいため、ひ
　らめきのきっかけとなる問いを立てて、思考の枠組みを設定する。
- 適切な問いを立てれば、ブレインストーミングは1人でもできる。
- 適切な問いの設定は「新しい箱をつくること」といえる。

大量の「企画書インプット」で資料作成の極意を学ぶ

　ビジネスシーンにおいて、自分の意見やアイデアを伝えるために欠かせないのが企画書です。書く機会はたくさんあっても、苦手意識のある人も多いのではないでしょうか。

　企画書をつくる上で最も重要なのは「ひと目見ただけで伝えたいことがわかる」ということです。タイトルから資料に至るまで、ムダな情報があってはいけませんし、デザインに時間をかけてこだわる必要もありません。

　では、いい企画書をつくれるようになるにはどのようなトレーニングをするべきなのでしょうか。

　企画書づくりが上達する一番の近道は、優れた企画書をたくさんインプットすることです。成果を上げている上司や同僚の企画書をなるべくたくさん見るように心がけましょう。また、有名なヒット商品の企画書を集めた書籍も出版されているため、それらを読んでみるのも1つの手です。

　いい企画書に出会ったら、「なぜ優れているのか」を分析して

みましょう。わかりやすくまとまった企画書には、共通点がある場合が多いからです。

　たとえばマッキンゼーの場合は、資料を作成する際に共通のノウハウが存在します。「データを載せるときには必ずリード文をつける」「チャートの時間軸は左から右へ」など、読みやすい資料にするためにルール化されているのです。

　一般的な企画書にも、そのような工夫がたくさんつまっています。自分の企画書に取り入れてみたい要素を抽出する習慣をつけてみるといいかもしれません。

　とはいえ「企画書はひたすら自力で書き続ければ上達するに違いない」と考える人もいるかもしれません。しかし、企画書は一般的に、知識があれば書けるというものではなく、ある種のセンスが必要だといわれています。

　アートを鑑賞するときに「これは優れている」と直感で味わうような感覚、つまりある程度の審美眼を養うことが必要とされるのです。それが身についてきたとき、はじめて優れた見せ方を企画書で実践できるようになります。

　その第一歩として、日頃からいい企画書や資料にたくさん出合うためのアクションを続けていきましょう。

ポイント

- いい企画書は、伝えたいことがひと目でわかる。
- 企画書づくりのスキルアップのために、優れた企画書をたくさん読んで、共通点を分析する。
- 知識のみならずセンスを磨く意識も重要。

リスクを事前に共有しておく

企画書には「懸念点」も
しっかり盛り込む

　企画書は、自分の考えを他の人に伝えるためのツールですから、言いたいことがひと目でわかるように作成する必要があります。優れた企画書を分析すればわかりますが、盛り込むべき内容もある程度決まっているといえるでしょう。

　その盛り込むべき内容の1つが、その企画を実施する上での「リスク」です。何か新しい行動を起こすときには、多かれ少なかれリスクがつきものです。

　たとえば、一般ユーザー向けの無料イベントを会社としてはじめて開催するとしましょう。会場を押さえて万全に準備したとしても、当日の状況は誰にもわかりません。来場者が殺到してオペレーションがうまくいかなくなるかもしれませんし、反対に予測よりも来場者が少なくて思ったようなPR効果が得られないかもしれません。

　このような、企画書を書く段階で予測できるリスクに関しては、しっかりと明記するべきだといえます。事前に社内の人にリスクを共有することができていれば、それが現実になったときにも、ダメージを最小限に抑えることができるのです。

　起こりうる未来のリスクを書き記しておくだけではなく、状況ごとに整理し、それぞれ解決策を記載することも重要です。

　先ほどの例でいえば、「イベント来場者が多すぎたときは、物販スタッフを誘導スタッフに回して現場が混乱しないようにする」「来場者が少なかったときは、SNSでの拡散や会場付近でのビラ配り等で当日の集客を図る」などといった対策が考えられるでしょう。

　実は、マッキンゼーがコンサル業界の王者としての地位を確立したのも、この「未来のリスク」に着目したからだといわれています。マッキンゼーは1929年の世界恐慌で世界中の企業が大混乱に陥ったときに、企業の合併や買収に関する成功シナリオやうまくいかなかったときのリスク、その場合の対策などを提案しました。未来のリスクまでも見据えてシナリオ分析を行う企業は当時ほかになかったことから、絶大な信頼を集めたのです。

　企画書は、単に自分のアイデアだけを伝えればいいのではありません。会社にもたらすメリットと同時に、起こりうるリスクやその対策までも明記した上で、実現に向けたビジョンを提示することが重要なのです。

ポイント

- 企画を実行に移すときにリスクはつきもの。
- 予測できるリスクは企画書の段階で共有し、それが現実になったときのダメージを最小限に抑える。
- うまくいった場合といかなかった場合の対策も明記する。

プレゼン資料の基本は「1スライド、1メッセージ」

　現代人は毎日、膨大な量のメッセージを受け取っています。街を歩けばたくさんの看板や広告がありますし、検索エンジンを使えばページ上に商品やサービスの情報が次々に表示されます。しかし、その1つひとつがどんな内容だったかをしっかり覚えている人は少ないでしょう。現代の人々は、無意識に必要な情報だけを選択してインプットしているものです。

　そんな情報量の多い時代であるがゆえに、近年では長時間の映像や長い文章に最後まで集中できない人が増えているという話題もよく耳にします。

　これらの事情は、プレゼンをする上でも気に留めておかなければいけません。1枚のスライドにたくさんの情報を盛り込んだり、ダラダラと長時間話し続けたりするだけで、聞き手は集中力を切らしてしまうのです。

　そもそもプレゼンの目的は、相手に何らかの感情や行動など、アクションを起こさせること。そのためにも、できる限りシンプルに、コンパクトに伝えることを心がけることが大切です。

　マッキンゼーには「メッセージは１スライドにつき１つまで」「アニメーションは使わない」という2つのルールが存在しています。

　１枚のスライドに盛り込む情報は、伝えたいメッセージを表す簡潔なひと言、ムダな情報をそぎ落としたチャートやグラフのみ。これが基本のフォーマットです。誰が見ても内容を理解できる必要最低限の情報量だからこそ、１枚１枚のスライドの訴求力が高まるのです。

　また、アニメーション機能も原則として使わないほうがいいでしょう。動きのあるスライドは一見すると華やかで、注目を集めやすいように思えますが、話の内容に対する集中力を阻害してしまう可能性があります。どうしても使いたい場合は、プレゼン全体を通して１箇所ほどに留めておきましょう。

　自分が情熱を注いだ企画であればあるほど、要素をそぎ落として簡潔に伝えようとするのは大変な作業でしょう。相手に企画の魅力を余すことなく伝えたいという考えが、スライドの情報量を増やしていってしまうのです。

　本当にいいプレゼンをするには、本来の目的である「相手の心を動かすこと」が達成できるかどうかを常に意識し続けられるようにしましょう。

ポイント

- プレゼンのゴールは「相手の心を動かすこと」。
- スライドをつくるときには「１スライド、１メッセージ」を意識し、必要最低限の情報しか盛り込まない。
- アニメーションは、聞き手の集中を妨げるので使わない。

相手の印象に残る伝え方

魔法の数字「3」を 使いこなす

　日本では「3」という数字が使われる機会が多くあります。「3 度目の正直」「2 度あることは3 度ある」「3 大○○」など、多く の場面で効果的な役割を果たす数字です。

　実はコンサル業界においても、「3」は魔法の数字として活用 されています。その理由は、「3」という数は多すぎず少なすぎず、 相手の印象に残りやすい数字だと考えられているためです。日常 の多くの場面で使われているのは、人が無理なく覚えていられる 項目数だからなのかもしれません。

　プレゼンをするときにも、ポイントを3つにまとめるのがいい でしょう。「3」という数字にこだわって自分の意見やアイデア の要点を絞っていくことで、考えがブラッシュアップされ、相手 の納得を得やすくなるのです。

　また、プレゼン資料をつくるときには「3 乗の法則」と呼ばれ る手法を使いましょう。これは、基本的には1 つのポイントにつ き1 枚にまとめ、合計3 枚の資料を作成するというもの。ポイン トを説明するためのデータや資料がある場合にはそれを細分化

し、1つのポイントにつき3枚の資料をつけて合計9枚の資料で表現します。さらに資料が必要なケースには、27枚、81枚と3の乗数にしたがって枚数を増やしていきます。この習慣を身につけると、アウトプットの質や作業スピードが向上するのです。

プレゼン以外の場面でも、「3」を有効に活用するフレームワークがあります。それは、何か意見を出すときには1つの主張につき3つの根拠を提示するというもの。マッキンゼーでは、このフレームワークを「主張＋3つの根拠」と呼んでいます。

「3」という数字が多すぎず少なすぎず、適度な数であることから、根拠を3つ提示すると主張をさまざまな角度から端的に裏づけることができるのです。自分の意見に客観性を持たせるために、ぜひ活用してみましょう。

常に「3」という数字を意識してアウトプットする習慣をつけると、説得力のある主張が自然とできるようになっていきますし、思考の質やスピードが向上する効果が期待できます。資料をどのようにまとめていいかわからなくなったときや、企画書の作成、ブレインストーミングなど、身近な場面から活用するのがおすすめです。

ポイント

- 「3」は多すぎず少なすぎず、印象に残りやすい数字。
- プレゼン資料は、1つのポイントにつき3枚の資料を使って解説する「3乗の法則」を使ってつくる。
- 主張は3つの根拠を提示すると説得力が上がる。

こだわるべきは「スライドのデザイン」より「ストーリー」

　会議やプレゼンで使う資料をつくるときに、パワーポイントを使うビジネスパーソンは非常に多いでしょう。自分の意見を、データやビジュアル要素を交えながら説明するときには、とても便利なツールだといえます。

　しかし、資料をつくる際に意識するべきことが1つあります。それはいきなりスライドを作成するのではなく、その前に「ストーリー」をつくるようにすることです。話したい事柄をただやみくもにスライドにまとめていくだけだと、資料全体を通して見たときに、一貫性がなくなってしまう恐れがあるのです。

　発表の中で最も伝えたいことは何なのか、その主張の説得力を高めるために、盛り込むべき内容は何なのかを資料づくりの前にしっかり考えることが重要です。そのようなプロセスを経てつくられた資料は、聞き手の知りたいことを着実に捉えた完成度の高いものになるでしょう。

　では、いいストーリーをつくるにはどうしたらいいのでしょうか。マッキンゼーでは、2つの手法が有効だと考えています。

　1つは、3章で解説した「空・雨・傘」方式。「空を見ると、真っ黒な雲が近づいてきている」という現状を把握し、次に「雨が降ってくるかもしれない」と現状を解釈、そして「傘を持って行こう」という結論を導き出すというフレームワークですが、この手法はプレゼンとも相性がよく、問題を3ステップで簡潔に提示することができます。

　もう1つは「ビフォーアフター」方式です。これは物事の推移を伝えるときにとても有効なフレームワーク。まずは「こんなことに困っていませんか？」と問題を投げかけ、次に「実は私も以前は困っていた1人でした」と、「ビフォー」の状態を伝えます。その後は「こんなふうに改善しました」と「アフター」の状態を伝え、最後は「ぜひうちの商品を使ってみませんか？」などという提案で締めくくります。データや資料などを使用しながら、誰にでも伝わるストーリーをつくることが可能です。

　スライドをつくるときに、ついデザインにこだわりたくなってしまう人もいるでしょう。しかし限られた時間をそこに費やしてしまっては、肝心な内容がおざなりになってしまいます。

　きれいでにぎやかなスライドは聞き手を楽しませることができるかもしれませんが、自分の主張をどのように伝えるべきか、ストーリーを組み立てることを最優先に取り組むことが、プレゼンの成果を上げるために必要なのです。

ポイント

- いきなりスライドをつくりはじめるのはNG。
- 意見をどのように伝えるのか、ストーリーづくりが最初。
- ストーリーづくりには、「空・傘・雨」や「ビフォーアフター」などのフレームワークをうまく活用する。

聞き手とのコミュニケーション術

よいプレゼンは受け手との
キャッチボールでつくる

　「プレゼン」と聞いたとき、どんな光景を思い浮かべるでしょうか。発表者がスライドを見ながら淡々と説明している姿、聞き手があいづちを打ちながら話を聞いている姿、などを想像するかもしれません。

　「発表者の話を聞き手が聞く」という一方向のスタイルは一般的なプレゼンによく見られるもの。しかし、本当に理想的なプレゼンは、これとは違ったものです。

　よいプレゼンは、発表者が聞き手のリアクションを引き出し、その場の空気を一緒につくりながら進められていきます。話し手と聞き手の間にはっきりと境界線を引くのではなく、お互いがコミュニケーションを取りながら双方向のコミュニケーションによってできあがるのです。

　では実際に会議室でプレゼンを行うとき、どのように双方向のコミュニケーションがつくられるのでしょうか。

　たとえば、新作のカメラについての企画を発表するとしましょう。まずはプレゼンの冒頭で聞き手に質問を投げかけます。「ま

ず質問です。スマホでもキレイな写真が撮れる時代に、カメラを
ほしいと思う理由はありますか？」といった具合です。すると「カ
メラならではの操作性を楽しみたい」「カメラにしかできない表
現がしたい」など、さまざまな意見が返ってきます。そこで発表
者は「カメラならではの操作性っていいですよね」と相手の答え
に共感する言葉をかけ、ようやく本題に入っていくわけです。

　このように質問を通してコミュニケーションをすることによっ
て、聞き手を発表に引きつけることができますし、より主体的に
話を聞いてくれるようになるのです。

　どれだけ素晴らしいプレゼン資料を用意したとしても、聞き手
が話を聞いてくれなければ本末転倒です。本題に入る前に言葉の
キャッチボールをすることが、プレゼンの効果を最大限に引き上
げることにつながるといえます。

　また、言葉のキャッチボールはプレゼン意外の場面でも活用す
ることが可能です。いくつかの質問を相手に投げかけることに
よって、本質的なニーズを探ることができます。

　なかなか決断できないと悩む人に対して、「その決断って本当
にしないといけないのですか？」など、いくつか質問してみると、
相手が本当に望んでいることは何なのかが浮き彫りになってきま
す。質問を通して、相手に考えさせる機会をつくるということが
成功のカギになるのです。

ポイント

- 一方通行のプレゼンでは、聞き手を引き込むことはできない。
- 聞き手に質問を投げかけたり、リアクションを見たりしながら双方向でプレゼンをつくる。
- 言葉のキャッチボールで、相手に考えさせる機会をつくる。

意外性で心をつかむ

優れたプレゼンターは
ギャップを演出する

　人間は意外性のある人に親しみを感じる生き物だといわれています。完璧そうな人に少し抜けている部分を見つけたときや、派手な見た目に反して家庭的な一面が見えたときなど、イメージとのギャップが見えたときに、その人への興味が高まるのです。

　優秀なプレゼンテーターは、このギャップをプレゼンのシーンで上手に使っているといわれています。

　ビジネスをする上では、誠実さは欠かせません。会議やプレゼンのようなオフィシャルな場ではなおのこと、真面目に取り組むことが望ましいでしょう。

　しかし一切欠点や遊びのない、完璧なプレゼンを終えたとき、その場の空気はどうなるでしょうか。和やかな雰囲気というよりは、聞き手を圧倒し、寄せつけない雰囲気が出てしまう可能性も高いでしょう。中には「何か大切なことを隠しているのではないか」「本当に信用できる話なのか」と不安を覚える人もいるかもしれません。そのような状況では、プレゼンのゴールに到達することはできません。

　そこで、発表者と聞き手の距離を縮めるためのツールとして、ギャップをうまく使うのです。

　具体的には、しっかりスーツを身にまとっている状態であえてざっくばらんな態度を取ってみる、プレゼン中に方言を少し出してみるといった具合です。すると、聞き手の緊張がほぐれ、不思議と和やかな雰囲気をつくることができます。

　またギャップをまわりにさらけ出すことによって、味方を増やせるというメリットも考えられます。たとえば、素晴らしい技術を持つスポーツ選手がいるとしましょう。ほかの選手を圧倒するほどの実力を持っていれば、人々は自然と「幼いころから英才教育を受けたのだろうな」と考えます。しかし「決して裕福とはいえない環境で育ち、学生時代も無名だったが、本人の地道な努力で這い上がってきた」という事実が明らかになったとしたら、それを知った人々は思わず応援したくなることでしょう。実力と境遇のギャップで多くの人を引きつけることができるのです。

　ただし、嘘をつくことは絶対にやめましょう。簡単に見抜かれてしまいますし、誠実さのない人として一気に信用を失ってしまう恐れがあります。あくまで自然体で、自分のイメージと少し違った一面を見せられるように意識してみましょう。

ポイント

- 人はギャップのある人間に親しみを覚える。
- プレゼンでギャップを活用すれば、その場の空気を変えられる。
- ギャップには、人の共感を集めて味方を増やしてくれる効果も期待できる。

適度な「間」や声のトーンでプレゼンに緩急をつける

　これまで本章で解説してきたように、プレゼンは発表者と聞き手の双方でつくっていくものです。発表者がいくら熱意を持って発表をしても聞き手の心に響かなければ意味がありませんし、発表者の伝え方に問題があれば、そもそも情報が相手にきちんと伝わりません。

　そして、いいプレゼンをするためには、内容の精度を上げることはもちろんですが、話し方にも工夫の余地があります。

　実際に多くの一流コンサルも実践している、いいプレゼンをするためのポイントを3つ紹介します。

　1つ目は、あえて会話の「間」をつくること。誰も発言していない沈黙の時間を意識的につくり出すのです。たとえば聞き手に考えをめぐらせてほしいときや、集中して欲しいときなどにあえてスライドを進めるのをやめ、数秒〜数十秒間待つのです。一般的には不安になって埋めようとしがちな沈黙を、武器に変えてしまうという大胆な手法だといえるでしょう。

　2つ目は、声のトーンを意識することです。明るくはっきりと聞こえる声色で話すことで、相手に余計なストレスを与えないよ

うにすることができます。また、プレゼンの展開に合わせて抑揚をつけたり、声の大きさや話すスピードを変えてみたりすることも非常に有効です。

　3つ目は相手によって、プレゼンの内容を変えるということです。たとえば、ロジカルに考えることが得意なメンバーの前での発表なら、データや数字を示しながら主張をすることが望ましいですし、反対に直感型の人が多い場面では、データよりも情感情に訴えかけたほうが気持ちを動かせるかもしれません。このように、発表の内容自体は同じでも、伝え方を相手に合わせてカスタマイズするのです。

　ただし、これらを自然と実践できるようになるには、かなりの経験が必要です。やり方を教わったからといって、すぐに使いこなせるものではありませんし、失敗することを恐れてプレゼンの機会から逃げようとしていては、いつまで経っても上達することはありません。

　経験を重ねるごとに次第に身についていくスキルなので、失敗を恐れずに果敢に立ち向かっていく姿勢が重要だといえます。たくさん失敗し、試行錯誤していくプロセスを踏むことが、上達への一番の近道なのです。

ポイント

- 沈黙の「間」を味方につけると相手の思考を促せる。
- プレゼンの展開に合わせて、声の大きさや話すスピードなどに変化をつけてみる。
- 相手の性格や得意分野に合わせて伝え方を変えてみる。

第5章 チェックポイント

会議・プレゼンの極意

☐ 会議は4種類に分けられる

☐ 会議の冒頭5分を雑談に使う

☐ 意見と事実を混同しない

☐ 会議の時間を30分に設定する

☐ PREP法で簡潔に話す

☐ 意見は質問の中にまぜる

☐ プレゼンはストーリーが命

☐ 優れた企画書をたくさん読む

☐ 聞き手と一緒にプレゼンをつくる

☐ プレゼンにギャップをまぜ込む

第 **6** 章

働き方とキャリア
デザインにコンサル
思考を取り入れる

働き方やキャリアデザインについて考える際にも、コンサル思
考は大いに役立ちます。「正解のない時代」を前向きに生き抜
いていくための思考法を探っていきましょう。

大きな目標を見据えて年単位の計画を立てる

　仕事や趣味、私生活において何か大きな目標を成し遂げたいときは、年単位のスケジュールを立てるのがおすすめです。

　たとえば、飲食店で働いているスタッフが5年後に自分の店を持つために独立することを目標にしたとします。その際は、「3年間は料理技術を日々勉強して料理の腕前を上げる」「4年後には独立するために必要な勉強をはじめる」「5年後には本格的に独立のためにアクションを起こす」といった計画が立てられるでしょう。

　ここで注意したいのは、計画を立てるだけでは意味がないということ。せっかく年単位の計画を立てても、毎日の忙しさを言い訳にし、立てた計画を無駄にしてしまう人も多いのが現実です。

　独立や起業など、成し遂げたい大きな目標がある場合は、年単位でのスケジュールを立てて、「3年後」や「2年後」、「1年後」、「半年後」、「1カ月後」の自分の「あるべき姿」を描いておきましょう。

　そうすることで、緊急度は低いけれど目標の実現に向かってやるべきタスク、いわゆる「忙しいときについつい後回しにしがちなタスク」にも着手することができ、目標に向かって着実に近づ

いていくことができます。

　たとえば、3月までに自分の「あるべき姿」を明確にしておくと、2月に入ったタイミングで、「来月の自分のあるべき姿に向けてこれをしないといけない」と意識を向けることができるのです。

　また、そのように1カ月単位にまで「あるべき姿」を細かく区切っておくと、成功体験を積み重ねることもできます。それを定期的に振り返ることで、心が折れそうになったり、諦めそうになったりしたときのモチベーション維持にも役立てることができるでしょう。

　実際にスケジュールを立てたら、月間カレンダーなどに「あるべき姿」を書いておき、トイレや浴室など頭の中をボーッとできる空間に設置しておくのがおすすめです。その理由は、頭の中がボーッとしている「空」の状態は、ひらめきが生じやすくなる「デフォルトモードネットワーク」が脳の中で活発になり、普段思いつかないようなことが思いつきやすくなるといわれているからです。この「ふとしたひらめき」が現状の打開策を思いつくきっかけになることも多いので、積極的に活用していきたいところです。

　自分のあるべき姿や大きな目標を、よく目につく場所に書いて置いておくことで、目標に対して自問自答する回数が増え、自然と意識づけをすることができるでしょう。

ポイント

- 目先の忙しさに追われるだけではなく、大きな目標を叶えるために、年単位のスケジュールを立てる。
- 「あるべき姿」はできるだけ明確にしておくことが重要。
- 頭がボーっとする時間こそ、ひらめきのチャンス。

自分の感情を大切にすれば
エネルギッシュに働ける

　仕事と自分の感情は切り離して生きていかないといけない。そう思い込んでいる方も多いのではないでしょうか。しかし、「感情」は生きていく上でエネルギーの根源となるものであり、何かを目の前にしたときに「好き」「嫌い」「得意」「苦手」といった色んな感情が出てくるのは当たり前のことです。

　優秀な人は、この「感情」を大切にしており「楽しそう」「やりたい」というエネルギーに従って素直に行動しています。反対に、自分の感情を抑えて行動したものは長続きせず、ストレスがたまりやすいと理解しているため、時間をなるべく使わないようにしているのです。つまり、優秀な人ほど自然と湧いてくる「自分の感情」を行動の指針としており、「ワクワクすること」や「楽しいこと」に全力でエネルギーを注いでいるのです。

　そうはいっても、「自分の感情がよくわからない」という人もいるかもしれません。そのような人は、今まで自分の感情を我慢し、他人を優先して考えてきた優しい人に多い傾向です。

　自分の感情がわからない場合は、自問自答する習慣を身につけることをおすすめします。「どうして自分はこのように感じてい

るのか？」「本当にこれは周囲との同調ではなく、自分が抱いた感情なのか？」など、日々、しっかり自分に問い続けることで自分の感情に気づけるようになるでしょう。

　自分の感情を大切にし、素直に生きていけるようになると「セレンディピティ」が発揮される場面が多くなり、人生がどんどんよいほうへ向かっていくかもしれません。セレンディピティとは、思いがけない素敵な偶然に出合うことや幸運を引き寄せることを意味します。

　セレンディピティは、まさに自身の感情を大切にし、直感で行動したことの産物といえます。実際のエピソードとして有名なのは、アイザック・ニュートンによる「万有引力の法則」です。ニュートンはある日、木から落ちるリンゴを目にして、そこから働いた直感が「万有引力」の発見につながったといわれています。

　このような偶然の発見は、「自分の感情」を大切にし、素直になって行動したからこそできること。もしも、自分自身の感情に従う習慣がなかったら、同じ現象が目の前で起きてもチャンスにつなげることができないでしょう。

　自分自身の感情を大切にし、直感やひらめきに従って行動してみる。そうすることで、素敵なキャリアが拓けるかもしれません。

ポイント

- 優秀なビジネスパーソンこそ自分の感情を大切にしている。
- 自分の感情がわからない人は、自問自答を習慣化する。
- 感情に素直に従えば「セレンディピティ（思いがけない偶然や幸運との出合い）」がやってくる。

自分を導いてくれる
「メンター」を見つける

　読者の皆さんは「メンター」と呼べる存在が身近にいますか。メンターとは、的確なアドバイスや解決策を見出してくれる、自分にとっての指導者や助言者のことをいいます。

　「この人についていきたい」「的確なアドバイスで信頼できる」と思わせてくれる。そんなメンターの存在が、これからの時代を生き抜くための大きなカギになるでしょう。

　誰もが、仕事やプライベートにおいて「何かしらの問題」を抱えており、解決したいと日々悩んでいるものです。

　「この仕事に時間がかかってしまうけど、どうしたらより効率化できるのか」「もっと仕事の質を高められないだろうか」「キャリアの方向性はこのままでいいのだろうか」。

　このように自分で考えても答えが出せない問題に直面したとき、助言をしてくれるのがメンターという存在です。

　自分自身の将来が不安であったり、悩みが尽きなかったりする人は、ぜひメンターを探してみることをおすすめします。

　メンターに相談したからといって、不安や悩みがすぐに解決することは少ないでしょう。しかし、1人でモヤモヤと抱え込むよ

りもはるかに、悩みを効率的に解消できる可能性が高まります。自分自身では気づかなかった長所や特徴、ポテンシャルに気づかせてくれることが多く、長きにわたって自分を苦しめてきた重荷を下ろしてくれることもあるのです。

　では、メンターと呼べるのはどのような人なのか。気になる方も多いのではないでしょうか。メンターとは、次のような特徴を持つ存在のことです。

・今までにない気づきを与えてくれる

・自分を客観的な視点で見てくれる

・一緒に問題の仮説立てや検証をしてくれる

・自分を前向きな気持ちにしてくれる

・自分の思い込みをうまく払拭してくれる

　何か問題に直面したとき、自問自答したり、自分で情報を集めたりすることも大切ですが、メンターから客観的に分析・解析してもらうことで、問題や悩みを解決するスピードは格段に向上します。

　ぜひ皆さんも、自分の人生を好転させてくれる人生の師を探し出してみてください。実際にどうやって見つけたらいいのか、探し方のポイントは次の項目で詳しく解説します。

ポイント

- メンターとは、自分の問題を解決へ導いてくれる助言者。
- メンターに相談すると、悩みの解決スピードと選択の質が格段に向上することがある。
- 1人で抱え込まず、メンターの客観的な視点を活用する。

優れたメンターを見つける
3つのチェックポイント

　優れたメンターを見つけるには、メンターと呼べる人を能動的に探すようにしてみてください。特別な環境でなければ見つけられないと思われがちですが、意外と身近にいるものです。

　10年以上前から知っている古くからの知り合いの人もいれば、最近仲良くなり相談できる間柄になった人、趣味で出会った人、仕事で出会った人など、あらゆる場所にきっかけはたくさんあります。

　メンターを見つける上で大切なのは、「この人なら悩みを解決してくれそうだ」という直感が働いた人を見逃さないことです。そんな人を見つけたときには、具体的な悩みを試しに打ち明けてみて、どんな助言をしてくれるか確かめてみてください。

　優れたメンターを見つけたいと思っている方は、自分が抱えている問題とそれに対する仮説を用意して、信頼できる人たちに相談してみましょう。メンターとなりえる人は、以下の3つの項目に当てはまる傾向があります。

①直感が鋭く感性のある人

　とにかく直感が鋭く、感性豊かな人はメンター候補の1人です。

この特徴を持つ人は、あらゆる物事の核心を突くことに長けていて、自分が抱えている悩みや不安をうまく引き出してくれます。自分自身でうまく言語化できないと思っているようなことでも、意図をくみ取って解決の糸口を提示してくれるでしょう。

② 常識にとらわれない発想力を持っている人

　世間一般的なことに固執せず、ときには常識はずれと思うような提案をしてくれる人はメンターとなりうる1人です。一般論だけで物事を語っているような人は、真っ先にメンターの対象外としましょう。

③ 専門性が高い人

　専門家以外の人に、専門的な相談してしまうことはありませんか。SNSが流行している現代においてはよくみられます。英語の教師をつかまえて数学の質問をする学生がいないように、専門的な知識を必要とする悩みを持っているならば、その分野の専門家をメンターにしましょう。

　メンターは1人ではなく、複数人いても構いません。むしろ、複数人いた方が悩みの種類によって相談する相手を変えることができ、専門的なアドバイスをもらえるのでおすすめです。

　ご紹介した3つのチェックポイントを意識し、自分をよい方向へ導いてくれる存在を探してみてください。

ポイント

- 優れたメンターを能動的に見つける意識を持つ。
- メンターと出会うきっかけは身の回りにたくさんある。
- メンターは1人ではなく、相談したいことの種類に合わせて複数人いたほうがいい。

1カ月おきに
自分の歩みを振り返る

　資格勉強や仕事、語学習得など何か目標を立てて行動する際は、1カ月おきに振り返る習慣を持つことをおすすめします。

　振り返りは意識しないと行わない人が多く、振り返ることを習慣化するだけで周囲との差をつけることができるでしょう。

　また、長期的な目標の場合は「これまでに達成したこと」や「何を学んできたのか」などを振り返ることで、モチベーションの向上にもつながります。

　自分自身の変化をじっくり振り返るには、1カ月の期間を意識してみてください。1カ月というのは、週間や年間の目標へと変換しやすく、大きな目標に対してどの程度近づけているかを把握するためのベストな期間なのです。

　たとえば「1年後に資格試験に合格する」という目標を立てたとします。その場合は、「1カ月後には最初の単元をやり終える」「6カ月後には過去問に取り組みはじめる」など月単位での目標を立てることにより、実際の進捗具合を振り返ることができます。そこから1週間や毎日のタスクを逆算していけばいいでしょう。

　特におすすめするのは、トイレや部屋の壁など1人でリラック

スすることができ、何度も目にする場所に目標を記載したカレンダーを設置する方法です。

　1人でゆったりできる環境で、「自分の目標に対してどれくらいの進捗具合か」「できていることとできていないことは何か」など、自分自身を問いただす時間をつくる。この時間を設けることで、次のやるべきことを明確にし、次のアクションをどう起こすべきかが気づきやすくなります。

　実際に1カ月ごとに振り返る習慣をつくるときには、月初と月末に分けて自分自身に問うようにしてみましょう。

　月初では、「1カ月後の自分はどうなっていたいか」「1カ月後に達成したい目標はなにか」を設定します。月末には、「月初に立てた目標は達成できたのか」「先月の自分自身と比較して、成長できた部分はどこか」と達成できたことを確認する。

　この習慣を続けていくうちに、目標に対して常にPDCAサイクルを回している状態になります。

　日々の生活で目標に対してPDCAサイクルを回す習慣を持つ。この習慣を持っている人と持っていない人とを比較すると、1年を通して大きな違いが生まれるでしょう。ぜひ、1カ月を目安に自分自身を振り返る時間を持ってみてください。

ポイント

- 長期の目標を立てたら、それに向けた進捗状況を1カ月ごとに振り返る習慣を持つ。
- トイレや部屋の壁などリラックスできる環境に目標を掲げる。
- 月初と月末に振り返りをし、PDCAサイクルを回す。

アイデアの種の集め方

異業界での常識を取り入れて変革を起こす

　専門的スキルを高めることは素晴らしいことではありますが、同じ業界・業種の中で身につけた知識や経験だけでは、いわゆるイノベーションを起こすことが難しい場合があります。「新しいことを成し遂げたい」「既存のしがらみを打ち破りたい」と考えている方は、異なる業界や趣味の世界の発想を、自分の仕事に取り入れてみることをおすすめします。

　自分の業界や業種の中にしか目を向けていない人は、同じ型にとらわれすぎてしまっていることが多くあります。その業界の常識が、外に出れば非常識だったということも珍しくありません。特に、同じ業界に長くいる人は、固執した考え方になりやすい傾向がありますので、まったく異なる世界での常識が、ブレイクスルーや自身の急成長のきっかけにつながることがあるのです。

　たとえば、仕事では飲食店の店長をしており、趣味でカメラを楽しむAさんがいます。飲食店の店長として料理の腕を日々磨いているものの、料理の味を極めるだけでは集客は難しいようで、新しいお客さんをなかなか呼び込めずにいます。

　そんな中、休日にAさんが趣味のカメラの世界に目を向けると、

競い合うように料理の写真をSNSに投稿する人たちの存在に気づきます。そのような「写真映えする料理」が1つのトレンドだと知ったAさんは、料理の味だけではなく盛りつけの美しさも工夫するようになり、見た目も味も素晴らしい料理で、多くのお客さんを獲得したのでした。

　このエピソードのように、趣味の世界で得た知識や発想が、思いがけず変革につながるということはよくあることなのです。

　ほかにも、以前は一般企業で働いていた人が学校の校長先生として赴任し、学校組織の古い組織体系を一新したというエピソードもあります。教育現場では常識と思っていたことを改善していき、業務効率を向上させるためのIT化や残業時間の縮小など働き方を変革していったのです。

　このように異業界からやってきた人が新しい発想を取り入れる事例は、転職が当たり前となるこれからの時代ではますます増えていくでしょう。

　既存の常識にとらわれずに、大小さまざまな変革を引き起こすためには、好奇心を大切にしながら、興味のアンテナを幅広く持っておく姿勢が重要です。

ポイント

- 自分が働いている業界の常識を疑ってみる。
- 異なる業界や趣味の知識を仕事に活かして、ブレイクスルーのチャンスを探る。
- 変革を起こす人は好奇心や興味のアンテナを大切にする。

相手との「価値のギャップ」を埋める

相手への「愛」で
仕事を進める

　読者の皆さんは仕事をする上で、上司から理不尽な要求が飛びかかったり、一緒に仕事を進めているメンバーや取引先が思ったように動いてくれなかったりなど、さまざまな悩みに直面することがあるのではないでしょうか。

　仕事の悩みのほとんどは、「人」が関わっているものです。心理学者のアルフレッド・アドラーが「人の悩みの9割は人間関係である」と提唱したように、仕事上の悩みにおいても突き詰めれば人間関係の悩みであることが多いでしょう。

　仕事の悩みを少しでも減らしたい場合は、その悩みを深掘りしながら、自分の力でコントロールできる形に変えられるようにしていきましょう。複雑に感じる仕事でも、「相手に対していかに価値を提供できるか」が根本的な問題であることが多いです。いくら言われた通りに仕上げたとしても、相手に価値が伝わらなければ意味がありません。自分の考えと、相手が欲している価値の「ギャップ」を埋めていく必要があるのです。

　自分と相手の「価値のギャップ」を埋めるためには、相手への

「愛」を大切にしながら仕事を進める意識が欠かせません。人というのは誰もが、「理解されたい欲求」を持つ生き物。そんな欲求を無視して仕事を進めてしまうと、相手は「自分のことを理解してくれない」と感じてしまい、トラブルに発展してしまう恐れがあるのです。

このようなすれ違いを生じさせないためにも、相手に「愛のある問い」をすることで、相手とのギャップを埋めていくのがおすすめです。

たとえば、チームのメンバーに頼んでいた仕事をやってくれていなかったとき、「どうしてやっていないんだ！」と頭ごなしに問うのではなく、「なぜやれていないのか？」と相手とのギャップを埋める問いを投げかけるのです。

大事なのは、相手に対してジャッジをしないこと。ついつい「あなたが悪い」というジャッジをしてしまいがちですが、「なぜそうしたの？」と相手に問うことで、相手は「私を理解してくれる」と感じ、トラブルを避けることができるのです。

優秀なリーダーたちは、相手とのニュートラルな関係を大切にしています。誰に対しても相手の可能性を信じ、相手を知ろうとする問いを重ね、お互いの価値観・個性を受け入れながら深い愛を持って仕事を進めているのです。

ポイント

- 仕事の悩みのほとんどは「人間関係」が原因。
- 「価値のギャップ」を埋めればいい仕事になる。
- 相手に「ジャッジを下す」のではなく、相手のことを理解して「愛のある問い」をする。

心と体を強く保つ

筋トレやランニングで
心身ともにブレない軸をつくる

　「筋トレ」「ランニング」という言葉を聞くと、「肉体を強くする」イメージを持つ人が多いのではないでしょうか。筋トレは筋肉量を増加させ、体を強くしてくれますが、それだけではなく「心を鍛える」効果もあるのです。実際に、うつ病を患っている患者に対して筋トレをはじめとした運動を実施してもらうと、うつ症状の軽減効果があるといわれています。

　特にコロナ禍以降は在宅ワークが増えたことによって、世界中で運動不足の人が増えています。パソコンの前で体は動かさず、頭だけが異常に働くために脳疲労が蓄積していき、それが心身のバランスを崩すことにつながるかもしれません。

　近年ではメンタルヘルスが注目されていますが、筋トレをはじめとした運動を習慣にすることで、体だけでなく心の健康を維持する効果も期待できるとして注目されています。

　また、自身の「ブレない軸」をつくるために運動は大いに役立つといわれています。ある社会学者の研究によって、運動の習慣がある人と意志の力が強い人には、正の相関があると明らかにされているほどです。

　実際に、アメリカの優秀なビジネスパーソンの間では、筋トレやランニングはごく一般的な習慣です。オフィスの中や同じビルにジムが併設されている職場も多くあり、仕事の前後、または合間に汗を流す人が多くみられます。「健全な精神は、健全な肉体に宿る」という言葉もあるように、周りの意見に流されず、自分らしいマインドを保つためにも、運動の習慣は大事だといえるでしょう。

　人を見た目で判断してはいけないという意見もありますが、人の第一印象は視覚情報が55％を占めるといわれています。肥満体型の人と健康的な体型の人とを比較すると、健康的な体型の人の方が「自分をしっかり管理できていて信頼できる」という第一印象を与えやすく、ビジネスの場において得することが多いのです。

　筋トレやランニングで心と体が鍛えられると、自分に対して自信を持つことができ、不必要な焦りや不安が減ります。この焦りや不安をクリアにすることで、無駄な思考回数が減り、仕事に必要なことに集中することができるようになるでしょう。

　ジムに通うのが難しい場合は、自宅の周りを散歩してみたり、通勤の時間をうまく使って運動量を確保したり、自宅でのスキマ時間に簡単な運動やストレッチを取り入れるなどの工夫をしてみてください。

ポイント

- 筋トレには、体だけでなく心を鍛える効果もある。
- 筋トレで引き締まった体は相手に信頼感を与える。
- トレーニングのためにまとまった時間が取れない場合は、通勤や自宅でのスキマ時間に運動を取り入れてみる。

苦手な人とは「共感」を見つけて仕事を進める

　仕事を進めていく上で「この人に相談するのは気が引けるな」「この人とはコミュニケーションが取りづらい」というように、苦手な人への対応に困る場面も多いでしょう。

　いかなるときでも論理が最優先されるイメージを持たれがちなコンサル業界でも、働いているのはロボットではなく人間なので、「仕事と感情」の問題は切っても切り離せません。そんな中でも、一流のコンサルタントは、できるだけ感情が仕事の妨げにならないように工夫をしています。

　具体的な方法としては、苦手な人との「共感ポイント」を見つけるようにするということです。苦手意識を持っている相手であっても、共感できそうな部分を探してみてください。

　「この人は苦手だから」と一方的に距離を置いてしまうと、仕事で関わらないといけないときに支障が出てしまいます。

　苦手な相手も人間ですから、自分が共感できそうな部分が少なからずあるはずです。相手を知ろうとする姿勢を大切にして、「自分と一緒だ」と思える部分を探してみてください。人は共感できるポイントが見つかると一気に親近感が増し、より相手のことを

知りたくなるものです。

　共感できる部分を見つけたら、次は相手のすごいと思うところや強みを10個以上あげてみましょう。「とっつきにくいけど話してみると案外ユーモラスだ」「苦手と感じていたけど、意外と面倒見がいい」などと新たな発見をすることができ、コミュニケーションをとる上での心理的なハードルを低くすることができます。

　もちろん、「無理に苦手な人と仲良くやろう」ということではありません。「この人とのコミュニケーションが嫌で仕方ない」と毎回ストレスに感じながら仕事をしていたら、いいアウトプットにはつながりません。

　実際にコンサル業界では、個性的な性格を持ったクライアントも多いため、どんな相手であってもうまく関係性を築いていくことが大切だとされています。

　「相手の尊敬できるところ」を探すように意識し、共感ポイントを見つける。これを意識するだけで、相手を好きになれなくても「この人はこういうことで悩んでいるのか、手伝ってみようかな」と思えるようになるでしょう。そうやって共感を増やしていくうちに、苦手だと思っていた人が意外とそうではなかったと気づけることも多いものです。相手のことをさまざまな角度から観察し、新しい発見を大切にしましょう。

ポイント

- 苦手な人がいても仕事のクオリティを下げない工夫が大切。
- 苦手な人であっても「共感できる部分」を探して、相手を知ろうとしてみる。
- 苦手な人の尊敬できるところや強みを10個あげてみる。

理想のキャリアを自分に問う

「4つの問い」を使って
自分の働き方を定める

　日本での「働き方」といえば、就職すること、つまり会社や組織に属して雇用されるのが一般的とされています。

　自分が生きていく上で、住む環境や付き合う人、食べるものなどは他人に決めてもらわずに自分で決めていきたいと思うはずです。しかし、働き方となると無意識のうちに、雇用されることを前提に考えている人が多いのではないでしょうか。

　日本の会社員の場合、毎日8時間を週5日と計算しても週40時間は働いていることになり、通勤時間や残業時間を考慮すると週50時間は仕事に時間を費やしていることになるでしょう。

　これほどの時間を費やす働き方を、「大多数がそうだから」という理由で決めてしまうのはもったいないことだともいえます。

　自身の働き方を見直したい人はぜひ、「4つの問い」を自分自身に投げかけてみましょう。

①自分の強みやスキルが何なのかを自覚する

　自分が得意なことや強み・これから活かしていけそうなスキルを紙に書き出してみてください。意外と自分の強みやスキルを自覚できている人は少ないものです。自分自身の強みがわからず

困っている人は、信頼できる上司や友人などの第三者に客観的な意見をもらってみましょう。

②自分がどんな価値を提供できるのかを把握する

自分が当たり前のようにやったことで感謝されたことはありませんか。その感謝されたことこそが、「自分が提供できる価値」である可能性が高いです。人から思いがけず感謝された経験を思い返し、自分が提供できる価値を探してみることをおすすめします。

③自分が一番得たい報酬を知る

「報酬」という言葉から、多くの人はお金のことを連想するのではないでしょうか。しかし、報酬はお金だけではなく、顧客からの感謝や仕事自体のやりがいなど人によって異なります。自分が大事にしたい報酬は自分のキャリアの価値観に直結するので、じっくり考えてみましょう。

④自分がどんな成長をしたいかを思い描く

お金のことや現実的に可能かどうかを考慮せず、「好きなこと」や「興味があること」を軸に、成長した自分の姿を思い描いてみましょう。やってみたいことを素直に認めることで、自分のキャリアを切り開くアイデアが浮かんできます。

これら4つの問いは、キャリアのさまざまな場面で自分を助けてくれますので、ぜひ定期的に自分に問いかけてみましょう。

■ ポイント

- 雇用されるだけではなく、働き方はいろいろある。
- 「4つの問い」を使って、自分が本当に理想としている働き方やキャリアの方向性を確認する。
- 4つの問いは、定期的に自分に投げかける。

キャリアは3つのステップで進んでいく

これからの時代は働き方の多様化に伴い、キャリアの方向性も多種多様になるでしょう。しかし、どのような仕事であってもキャリアは大きく3つのステップで進んでいくことが多いです。

ステップ1

この段階では組織に所属し、仕事を覚えてスキルを高めていくことを目的とします。つまり、自分を高めていくことを主軸に考える段階です。コンサル業界を例にすると、「資料作成」や「思考整理法」、「提案力」など、仕事をする上での問題解決の方法や仕事術を学んでいきます。

「自分を磨くために時間をかけていく」という意識で、組織に所属しながら働くフェーズです。

ステップ2

この段階では自分の得意を発見して伸ばし、他者へ価値を提供していきます。仕事を、自己実現や自己表現の手段として捉える段階であり、会社に属している場合は専門性を追求して何かのプロフェッショナルとして、独立しているならば他の人と比較し「こ

れだけは負けない」という強みを持つように意識していきます。

　また、専門性を追求する際には1つの分野だけでなく複数の分野へ視野を広げていくほうが、後々に活かすことができるためおすすめです。自分が本当にやりたいことや実現したいことを、いくつも追求しながら考えていきましょう。

ステップ3

　ステップ3では、ステップ2で磨いてきた得意なことや強みを活かして、価値提供の「幅を広げる」段階です。専門性の高い他者とコラボレーションしたり、自身の中にある異なる強みをかけ合わせたりして「つながり」を意識していくフェーズです。

　ここで意識するべきなのは、自分の「好き」を追求すること。好きなことでなければ、いくら専門性が高くても他者とつながりながら働くこの段階では、ストレスで潰れてしまいます。あくまでも自分のやりたいことをベースに、協同していくことを意識しましょう。

　この3つのステップに優劣はありません。また、どのような仕事でも基本的にはステップ1→2→3の順で進んでいくものです。

ポイント

- ステップ1では、組織の中で仕事を覚え、スキルを高める。
- ステップ2では、自分の強みを意識しながら自己実現を目指す。
- ステップ3では、自分の強みや「好き」をコラボにつなげる。
- キャリアの現在地を把握し、成長や成果の向上につなげる。

価値提供の幅を広げる

「複業」で自分の中に
複数のキャラを持つ

　自分が世の中にどんな価値を提供できるかを確かめるために、
「複業」をしてみることをおすすめします。

　「副業」ではなく「複業」という単語を用いる理由は、副業だ
と本業がメイン、副業はサブの位置づけとなってしまうからです。
「自分がやりたいと思える仕事を複数こなしていく」という考え
方をもとに、ここでは複業という言葉を用いています。

　複業を行うメリットとして、「リスクの分散」や「可能性の拡大」
が挙げられます。ほかの仕事を辞めて、やりたい仕事一本に絞っ
てしまうと、収入がなくなる恐れがあるためおすすめできません。
いくつかのやりたいことを複業としてはじめてみることで、安定
した収入を保ちながら、自分の強みを活かすことができます。ま
た、複数の価値提供の幅を広げられるかもしれないのです。

　たとえばホラー映画の鑑賞が趣味で、ブログやSNSでレビュー
を投稿している人がいるとします。

　ホラー映画好きの間で、「あの人が紹介するホラー映画はスリ
ルのある作品が多くてはずれがない」という評価を得られると、
「ホラー映画評論家になる」「ホラー映画の情報サイトを立ち上げ

る」「ホラー映画好きのコミュニティをつくる」といった複業を
はじめられるかもしれません。このように、自分のやりたいこと
や好きなことを軸に、複業として他者へ価値提供できる可能性が
あるのです。

　複業をすると、自分の中にいる「キャラクター」を、仕事ごと
に使い分けることができます。作家やイラストレーターであれば
ペンネームを持つことも珍しくなく、意識して自分のキャラを使
い分けています。そうすることで、自分の幅を広げることが可能
になるでしょう。

　また、複業をはじめる人が増えると、それに合わせてほかの人
が提供している価値が必要になる場面が増えるといった好循環が
生じると考えられます。たとえば、複業として週末にヨガ教室を
開催したい人がいるとします。ヨガ教室を開催するには、ヨガの
知識だけではなく集客のノウハウやお金の計算など、さまざまな
スキルが必要になるでしょう。これらを全部1人でこなそうとす
ると大変なので、個人と個人が価値を補完し合うというわけです。
　最近では「クラウドワークス」や「ランサーズ」などといった
個人のスキルをマッチングするサイトも増えているので、ぜひ複
業をはじめる際は活用してみてください。

ポイント

- 複業で、価値提供の幅を広げる。
- 複業を通して、自分の中に複数のキャラクターを持つ。
- 複業の広がりは、専門的なスキルを求める個人と個人が価値を提供
  しあう好循環を生む。

「やりたくないこと」を
リスト化し自分軸をつくる

　「自分軸」という言葉からは、やりたいことや自分が大切にしたいこと、決して譲れない価値観などが思い浮かぶのではないでしょうか。実際に、やりたいことや価値観などを紙にリスト化して目標に掲げている人もいるでしょう。

　しかし、自分軸を深掘っていく際は、やりたいことや大切にしたいことをあげていくのと同時に、「やりたくないこと」を明確にすることも大切です。

　やりたいことや、達成したい目標だけをリスト化しても、本来であればしなくていいことに時間を費やしてしまうこともあるでしょう。そうなると、時間がいくらあっても足りません。やりたいことに集中するために、「何をやらないか」を決めておくことが大切なのです。

　特に人間というものは、どうしても楽な選択に流されてしまう習性があります。やりたいことがあるのに、ほかのことに目移りして時間を無駄にしてしまいやすい人は、「やりたくないこと」「やらないこと」を最初にリスト化しておきましょう。

　「やりたくないこと」をリスト化する際に注意すべきなのは、「や

らないほうが常識的に考えて正しい」「誰もがやりたくないこと
だから自分もそうしよう」というような、「他人軸」で考えない
ようにすることです。
　「自分はこれをやりたくない」「ニッチだけど自分はこれが好き」
というように「自分軸」を第一に考えてリスト化していきましょ
う。そうすることで、自分が大切にしたい価値観を深掘り、自分
軸を形成していくことができるのです。

　「やりたくないこと」のリストを作成した後は、自分の中でど
の項目が特にやりたくないか、優先順位をつけてみるのがおすす
めです。いざ、やりたくないことをリスト化しても、すべての項
目を一気にやめるのは難しいでしょう。
　実行できる可能性や、やりたくない度合いなどを考慮しながら、
リストの項目に優先順位をつけることで、何から手をつけていく
べきかを明確にしていきましょう。

　「やりたくないこと」をリスト化することにより、自分はどん
な人生を歩んだらワクワクするのか、人生の終盤で後悔しない生
き方は何かという「自分軸」を定めることができるでしょう。
　また、瞬時に「やるか、やらないか」の判断軸ができるため、
長く悩むようなことが少なくなるという効果も期待できます。

ポイント
- やりたいことをやるために、やらないことを明確にする。
- やりたくないことをリスト化するときは「自分軸」で考える。
- やりたくないことを一気にやめるのではなく、優先順位をつけて少しずつやめてみる。

新時代に必須の「不安に打ち勝つスキル」

正解のない時代を
生き抜くカギは「自己肯定力」

　学生時代は定期試験や受験、部活動の大会など決められたゴールに向かって突き進むのが正解だった、ということも多かったでしょう。しかし、ビジネスの世界では決められたゴールが用意されていることは少ないものです。

　特に、変化が激しく正解が常に変わり続ける現代では、「あの時はこうだったから、次もこうなるだろう」といった経験則で判断を下すことが難しくなっています。

　だからといって、問題がクリアになるまで行動せず思考し続けてしまうと、せっかくのチャンスを逃してしまったり、新しい問題が生じてしまったりするでしょう。

　こんな時代だからこそ大事にしたいのが、自分の決断や行動に自信を持つことです。この力の根源は「自己肯定力」であり、正解のない現代を生き抜くために非常に大切な力だといえます。誰しも新しいことに挑戦するときは、「本当にやり遂げることができるのだろうか」「この経験は無駄になってしまうのではないか」といった不安が生じるものです。そんなときでも、自己肯定力が高ければ「自分ならなんとかできるだろう」と、不安を押しのけ

ながら、今やらなければならないタスクに集中することができるのです。

　自己肯定力を高めるためには、成功体験を積み重ねることが重要です。具体的に成功体験を積み重ねる方法として、「自分自身との約束を守る」ことをおすすめします。

　たとえば「今日は筋トレを10分やってみる」「今週は毎日自炊をする」というような簡単な目標で大丈夫です。大事なことは目標を達成し、成功体験を得ること。自分と約束をし、それを守ったという成功体験を積み重ねることによって、自己肯定力は向上していくでしょう。

　いくら自己肯定力を高めても、新しいことに挑戦する限りは失敗がつきもの。その失敗に落ちこんだり、自信をなくしてしまったりすることは少なくないでしょう。そんなときは、落ち込んだ自分を元に戻せる環境やしくみを持っておくことをおすすめします。たとえば、自分の状況や悩みを正直に話せる友人やメンターを持つこと。他者に悩みを話すことで、溜まった悩みを外に吐き出すことができて案外スッキリするものです。

　また、メンターに相談できると落ち込んでいる自分に客観的な意見をくれるため、今後の対策にも役立てられるでしょう。

ポイント

- これからの時代は、不安を押しのける「自己肯定力」が重要。
- 日常生活の中で簡単に獲得できる小さな成功体験を積み上げれば、自己肯定力が高まる。
- 落ち込んだときに自分が元通りになれる仕組みを理解しておく。

これからの時代は
「主役」も「脇役」もない

　世の中を動かす新しいサービスが脚光を浴びたとき、その経営者や、メディアに表立って出てくる人に注目が集まりがちです。しかし、どのようなビジネスにおいても、裏で支えている人がいます。

　これまでは、人前に出て活躍する人を「主役」とし、裏でサポートやしくみづくりに徹する人を「脇役」とする風潮がありました。しかしこれからは、主役や脇役といった上下関係は仕事上なくなっていく時代になるでしょう。

　最近では、SNSやYouTubeなどを通じて、いわゆる脇役の立場にいる人たちの仕事の裏側が明らかにされることが多くなっており、そのリアルな仕事術がたびたび話題になっています。

　製品やサービスのアイデアを形にするためには、そのアイデアを実現可能な形にまで落とし込み、予算や人員を考慮してオペレーティングする「実現役」が必要です。この実現役がいない組織では、いくら画期的なアイデアがどんどん生まれても、商品やサービスとしてリリースすることは難しいでしょう。現実的な折り合いをつけながらも、社内の熱量や活気を失わないように「調

整する」スキルが必要になるのです。

　これからのビジネスパーソンは、主役か脇役かといった上下関係ではなく、「どんな価値を提供できるか」「仕事内容がおもしろいかどうか」で仕事を判断していくようになります。

　また、現代は発信の仕方や働き方次第でコンテンツとユーザーが直接つながる機会も多くなっているので、ユーザーの側からもあらゆる仕事がフラットな視点で見られるようになってきたといえます。今まではあまり注目される機会がなかった業種や職種に対しての世間の関心が高まると、そこには新たなビジネスチャンスが到来することでしょう。

　もちろん、組織に属する限りは先輩・後輩といった上下関係は最低限必要です。あくまでも、同じ目標や志を持って仕事をする仲間の中での上下関係が薄れていくということです。

　さらに、雇用形態の変化もこの動きに拍車をかけることでしょう。これまでの日本社会は、終身雇用を前提とした会社が多く、組織の中でどうしても主役と脇役という立場の違いが生じてしまうものでした。しかし、これからの時代はスキルを軸にした転職や複業がさかんになり、誰もがフラットにスキルを発揮し、共有し合う世界になることでしょう。

ポイント

- ビジネスには、アイデアを形にする実現役が必要。
- 今まで表に出てこなかった人の仕事術が、SNSの普及をきっかけに注目されはじめている。
- 仕事を主役と脇役で区別することが少なくなっていく。

収入の10%を未来の自分へ投資する

　高い成果を上げ続ける一流コンサルに共通しているのは、自己投資の多さです。自己投資とは、自分自身の学びや経験に対してお金や時間を注ぎ込むことを指し、優秀なビジネスパーソンは現状を見つめるだけではなく、未来を見据えた投資をしています。

　かねてより日本人は、収入を貯蓄に回す人が多い傾向にあります。しかし、成長という観点でいえば、お金を貯め込むだけでは現状維持が精いっぱいになってしまうのではないでしょうか。
　最低でも、収入の10%を目安に自己投資してみることをおすすめします。生活に支障が出ない範囲で月収の10%以上の投資を続けていると、いつか「成長した自分」というリターンを得られるのです。

　自己投資の対象はさまざまあり、そのうちの1つに「コンディショニング」があります。心身の健康を保ち、仕事や勉強の際によいコンディションを保つための投資です。たとえば、ジムやヨガへ通って健康な体づくりをすることや、整体やエステでのケア、瞑想の習慣を取り入れることなどがあげられます。

　2つ目に紹介するのは「学び」への投資です。自己投資という言葉から、最も連想しやすいのではないでしょうか。興味のあるセミナーや勉強会に参加するなどの方法があり、最近ではオンラインセミナーも充実しているため、住んでいる場所に関わらず受講することができます。

　ほかにも自己投資の方法はいろいろありますが、圧倒的におすすめなのは「本」への投資です。優秀なビジネスパーソンは読書の習慣を持つ人が多く、ビジネス書のみではなく哲学や文学、実用書、アート、歴史などさまざまなジャンルの書籍をインプットに活かしています。

　自己投資には、お金だけでなく時間を確保する工夫も重要です。おすすめなのは、週に1日をインプットデーに設定すること。「土曜日の午前は読書」など、インプットすることに集中する一日を設けてみてください。そして、大量にインプットした情報をアウトプットする機会も忘れずに設けましょう。

　アウトプットの方法は、ノートに記録する、誰かに話す、SNSに感想をシェアしてみるなど、どのような方法でも構いません。得た知識を整理して外に出すことで、必ず成長につながることでしょう。

ポイント

- 一流コンサルは圧倒的な量の自己投資をしている。
- 収入の10%の自己投資で、成長というハイリターンが得られる。
- 「インプットデー」をつくるなど、時間の確保も工夫する。
- インプットした情報は、アウトプットすることで定着する。

働き方とキャリアデザイン

☐ 年単位の目標を立てる

☐ 1カ月おきに歩みを振り返る

☐ メンターを見つける

☐ 自分の感情を大切にする

☐ 異業種からアイデアを得る

☐ 筋トレで心と体を強く保つ

☐ 複業で自分の可能性を広げる

☐ やりたくないことリストをつくる

☐「自己肯定力」を高める

☐ 収入の10%を自己投資に回す

■主要参考文献

『マッキンゼー流 入社1年目問題解決の教科書』
（大嶋祥誉 著／SBクリエイティブ）

『マッキンゼー流 入社1年目ロジカルシンキングの教科書』
（大嶋祥誉 著／SBクリエイティブ）

『マッキンゼーで叩き込まれた超速仕事術』
（大嶋祥誉 著／三笠書房）

『マッキンゼーのエリートが大切にしている39の仕事の習慣』
（大嶋祥誉 著／三笠書房）

『マッキンゼーで叩き込まれた 超速フレームワーク』
（大嶋祥誉 著／三笠書房）

『マッキンゼーで当たり前にやっている働き方デザイン』
（大嶋祥誉 著／日本能率協会マネジメントセンター）

『マッキンゼーで叩き込まれた「問い」の力』
（大嶋祥誉 著／三笠書房）

監修　大嶋 祥誉（おおしま　さちよ）

人材戦略コンサルタント、エグゼクティブコーチ。センジュヒューマンデザインワークス代表取締役。上智大学卒業。米国デューク大学MBA取得。シカゴ大学大学院MA修了。マッキンゼー・アンド・カンパニー、ワトソンワイアットなどの外資系コンサルティング会社や、日系シンクタンクの三和総合研究所などを経て独立。22年以上にわたり、エグゼクティブへの人材戦略コーチ＆コンサルタントとして活動。『結果を出すチームビルディング』にも定評があり、大手からベンチャーまで5000以上のチームに対してチームビルディングを実施。『マッキンゼー流 入社1年目問題解決の教科書』（SBクリエイティブ）から始まった「マッキンゼー流」シリーズは、累計40万部を突破するベストセラー。『仕事の結果は「はじめる前」に決まっている　マッキンゼーで学んだ段取りの技法』（KADOKAWA）、『マッキンゼーで当たり前にやっている働き方デザイン』（日本能率協会マネジメントセンター）など著書多数。

公式サイト
https://oshimasachiyo.jp/works

コンサル思考術100の法則

2024年6月30日　初版第1刷発行

監　修───大嶋 祥誉　Ⓒ2024　Sachiyo Oshima
発行者───張 士洛
発行所───日本能率協会マネジメントセンター
〒103-6009 東京都中央区日本橋2-7-1　東京日本橋タワー
TEL 03（6362）4339（編集）／03（6362）4558（販売）
FAX 03（3272）8127（編集・販売）
https://www.jmam.co.jp/

装丁────────冨澤 崇（EBranch）
編集協力──────丹羽祐太朗、細谷健次朗（株式会社G.B.）
本文デザイン────深澤祐樹（Q.design）
DTP────────G.B.Design House
印刷・製本─────三松堂株式会社

ISBN 978-4-8005-9227-9 C2034
落丁・乱丁はおとりかえします。
PRINTED IN JAPAN